JN045503

Z-KAI

ハイスコア！
共通テスト攻略

英語リーディング

改訂版

水野卓 監修

HIGH SCORE

はじめに

～共通テスト対策を始めるきみへ～

　2021年にスタートした大学入学共通テストの英語リーディング・リスニングは，誰も予想できなかったほど大きなパワーとインパクトを備えた画期的な試験でした。共通テスト（共テ）開始とともに，**国公私立を問わず，それまで長年続いてきた大学入試（の英語問題）がアッという間にその姿を大きく変えてしまった**のです。かつて，難関と呼ばれる大学の入試問題では「英語そのものが理解の対象」であり，「隅から隅までていねいにていねいに，細かく細かく」内容を理解することが求められました。ところが，共通テストの開始以来，英語の位置づけは「理解の対象」から単なる「情報伝達手段」へと変化しました。具体的には，試験問題は英語で与えられた資料の中から「必要な情報をいかに素早く拾い出せるか」というチカラ，つまりは情報処理能力をより重視するものになったのです。**試験で重視されるチカラの種類が変わった以上，試験対策のあり方もまた変化しなければならないのは当然です**。そしてそのことを最大の理由として，本書が誕生することになりました。

　本書は，共通テストの対策を始めようとする受験生のきみに，「**共テはこう作られている。だから，ここを十分意識して，こうやって作業を進めればムダなく正解が得られる**」という，最も重要なポイントをカンペキに理解してもらい，さらには自分の英語力，解答作業力の何が十分で何が足りないのかを正しく把握してもらえるように構成されています。模擬試験問題などを利用して解答演習をする手前の段階で，「対策の第一歩」として手に取ってもらうことで，問題を眺める目と考えるアタマが，共通テストの意図と形式に自然に最適化され，一つひとつの設問の意図が明確に意識できるようになります。**本書を読み終えた後，共通テストについて「あとは問題をたくさん解く練習だけだ」と思える自分を発見できるでしょう**。まずは本書によって共通テストのすべてを理解して，得点力向上，「ハイスコア獲得」に大きく近づいてほしいと願っています。

　本書の執筆にあたり，株式会社Ｚ会ソリューションズの小黒迪明さん，竹村武司さんには大変大きなお力添えをいただきました。また，英語講師としての私をここまで育ててくれたのはこれまで出会ってきたすべての生徒のみなさんです。数々の出会いを神に感謝すると同時に，この場をお借りして改めて厚くお礼申し上げます。

水野　卓

目次

本書の構成と利用法

　共通テストは，毎年，出題のあとに作問者や評価者が問題の難易度や内容が適切だったかどうか詳細に点検し，次年度以降に改善されます。このために出題の傾向が毎年のように変わります。塾や予備校など教育関係者が入試分析速報で「第●問のここが変わった」と強調する部分です。

　しかしながら，共通テストの「出題の方針」自体はほぼ変わりません。課程が変わっても「出題の方針」の骨子は踏襲されます。つまり，形式上の傾向（設問形式や問題数などの見た目）が変わっても，押さえるべき解法ポイントは本質的に同じなのだと言えます。本書では，今後，出題の傾向が変わったとしても対応できるように，普遍的な「例題」「類題」「解法」を掲載しています。

　では，以下に本書の構成と利用法を説明します。

構成

セクションの概要

　大学入学共通テスト「英語リーディング」に出る複数の大問をまとめた Section ごとに，**出題の傾向と対策の要点**を解説しています。

ハイスコア獲得の演習法

　本書の要点を押さえた上で，**どのように演習を積み重ねればよいか**ということを解説しています。この演習法に沿って対策を進めてください。

ハイスコアの核心

プロセス 1 〜：各「演習」で**正解を導くための確実かつ効率的なプロセス**を示しています。このあとに続く「例題」「類題」を演習しながらプロセスを確認してください。

例題（過去問）

　共通テストの過去問から（試行調査，本試験，追試験，新課程の試作問題すべてを確認して）厳選しました。本書の要点を身につける上で必答の過去問ばかりです。

※以下は「例題」「類題」共通です。

錠前のマーク：「例題」や「類題」の中でも，特に**「差がつきやすい」小問**であることを示します。志望大合格に必須の"ハイスコア"を狙うべく，「ハイスコアの核心」のプロセスを実践してください。

One Point アドバイス：この問題を厳選した意図，あるいは「ハイスコア獲得の演習法」で解説した要点を具体的に説明しています。演習時に確認してください。

解答・解説：正解の選択肢に絞り込んでいく過程を解説しています。「ハイスコアの核心」のプロセスを実際に適用していく過程を明示しています。プロセスに沿った解答ができたかどうか振り返ってください。

類題（オリジナル問題）

「例題」で実践した「ハイスコアの核心」を体得できるように，「類題」を用意しました。「例題」の演習ではうまくいかなかった点，あるいは，うまくいった点を「類題」で再確認することで，「ハイスコアの核心」を体得できます。

ハイスコア模試 ※問題は別冊に掲載

共通テストを想定した問題にしています。実際の試験時間（80分）をどのように配分して解答すればよいか（時間配分の詳細は「第1章　特別講義」に記載）最終確認してください。

エピローグ

ハイスコア獲得をより確実にすべく，**本書の学習を終えた後，何をすべきか**を助言しています。引き続き「ハイスコアの核心」に沿った演習で，実力を磨いてもらえれば幸いです。

第1章：大学入学共通テスト英語の特徴と対策（時間配分も）を確認する。

▼

第2章： Section 1 ～ 3 それぞれの
　　　①「概要」「ハイスコア獲得の演習法」「ハイスコアの核心」を確認する。
　　　②「例題」「類題」を解き，答え合わせをする。不正解となった設問・
　　　選択肢については「解説」を熟読する。自信がある場合は，**錠前のマー**
　　　クの設問に集中して演習する。

▼

第3章：「ハイスコア模試」を本番の試験時間 80 分以内に解く。この際，第1章
　　　で示した各 Section の解答時間内で解き切るように意識する。不正解と
　　　なった設問・選択肢については「解説」を熟読する。

例題の出典（大学入学共通テスト）

章・Section	演習番号	出典
第2章 Section 1	演習①	令和4年度（2022年度）追・再試験 第1問A
		平成30年度（2018年度）試行調査第2回 第1問B
	演習②	令和3年度（2021年度）1月16日・17日 第2問B
	演習③	令和4年度（2022年度）追・再試験 第3問B
	演習④	令和3年度（2021年度）1月16日・17日 第2問A
第2章 Section 2	演習①	平成30年度（2018年度）試行調査第2回 第4問
	演習②	平成30年度（2018年度）試行調査第2回 第5問
第2章 Section 3	演習①	令和4年度（2022年度）本試験 第6問A
	演習②	令和4年度（2022年度）追・再試験 第6問B

第1章

特別講義
『リーディング解体新書』

1 特別講義 『リーディング解体新書』
~共通テスト英語リーディングの「最高の対策」~

　出題される問題は毎年違っても，テストには「決まったカタチ」がありま
す。これから対策を始めようとする際に大切なのは，個別の問題を見る前に，
その「決まったカタチ」を正しく理解しておくこと。この章では，共通テスト
（以下「共テ」）のリーディング問題を徹底的に分析し，「対策」に不可欠な「傾
向」を完璧に把握してもらいます。じゃ，さっそく始めよう！

■問題の構成

　　問題は 3 セクションで構成され，
　　解答の目安時間は 80 分ではなく「25 分× 3」。

　対策のスタートにあたって，まずは基本の基本のそのまたキホン，試験問題
全体の構成から見ていくことにしましょう。「そんなことはわかってるからい
いよ」などと言わず，共テをイチから理解し直す気持ちでしっかり読みましょ
う。ほんのチョットでも全体を捉え損なっていては，効果的な対策なんか取れ
るわけないんだから。

　みなさんご存じの通り，共テのリーディングは 80 分で実施されます。問題
は第 1 問～第 6 問の大問 6 つで，すべてが読解問題。ただ，残念なことに
「だったら 1 問 12 分で 6 問解けば 72 分だから余裕で間に合うな」などと安易
に考えるわけにはいきません。第 1 問には「大きさ」（英文や設問・選択肢の
分量）の違う A と B，2 つの問題がある。当然かかる時間も違います。第 2 問
もそう。第 3 問にも A と B があって第 6 問にもある。第 6 問の A と B なんて第
6 問，第 7 問と呼んでもいいんじゃない？　というくらい，どっちも堂々とし
た長文読解問題です。この，「大きさもバラバラでいっぱい並んでいる問題」
を「効率よくミスなく 80 分で解き切る」ための普遍的な作業リズムを構築で
きるかが共テ・リーディング対策最大のカギになります。

　では，話をもう少し具体化していきましょう。まず，この「大きさもバラバ
ラでいっぱい並んでいる問題」は，**全体を 3 つのセクションに分ける**ことが

できます。いや，分けることができるんじゃなく，最初から分けて作られています。

3つのセクションとは，

  Section 1　小問集合　　第1〜3問
  Section 2　総合問題①　第4・5問
  Section 3　総合問題②　第6問A・B

です。次に，受験生はこの問題を「効率よくミスなく80分で解き切る」必要があるんだけど，これも全体＝80分ではなく，3セクションに分けて考えることができます。いや，「考えることができます」じゃなくて，最初からそうなるように作ってあります。ズバリ，**1セクション25分**。つまり「**25分×3セクション＝75分**」，これが共テ・リーディング問題の基本設計なのです。

3セクションそれぞれの特徴と要注意ポイントについてはこのあと詳しく話すとして，ひとまず共テ・リーディングの対策は3つのセクションをそれぞれ25分で解答する手順を理解し，セクションごとに演習・実践して仕上げていく作業だ，ということをアタマに入れておきましょう。

ハイスコアへの道①　〜リーディング問題は25分×3セクションで構成！

  Section 1　小問集合　　第1〜3問　　…全体を25分で解答
  Section 2　総合問題①　第4・5問　　…全体を25分で解答
  Section 3　総合問題②　第6問A・B　…全体を25分で解答
  ＊残りの5分と「ここは22分で十分！」などセクション
  　によって安定して余る時間を各自微調整に利用する。

> ルックス（見かけ）は「毎年バラバラ」，
> 作業の焦点は「3 種類の設問」。

　じゃ，ここから各セクションの特徴と要注意ポイントを見ていきましょう。まずは Section 1，小問集合。このセクションはその名の通り，ちっちゃな問題が次々に襲いかかってきます。それを 1 問ずつ慎重に解答していかなきゃいけないんだけど，重要なことは**小問集合の問題は毎年ルックスが違う**ということです。

　試験直後の受験生あるある，「去年と違う問題が出ました」的発言はリーディングの場合このセクションの見かけの違いから来ることがほとんどです。問題の見かけが毎年違うということは来年も見たことない問題が出るということ。さて，どう対策する？　ポイントは**共通項を意識する**ことです。人間，髪型や服装でイメチェンしても性格はそうは変わらない。それと同じで，**「同じ血」は設問形式**です。やっぱり共テは共テ，毎年しっかり「同じ血」が流れています。小問集合に毎年流れる「同じ血」とは設問形式です。ここで図解しておきます。正しく理解しましょう。

ハイスコアへの道②

～素材は毎年バラバラ，されど設問は「毎年1＋3」つの形式

Section 1　小問集合（第1～3問）の設問形式

一般型設問　キーワード検索問題

　…設問文中のいわゆるキーワードを検索する形で読解資料中の該当箇所にアクセスし，周辺から解答情報を拾う，というタネも仕掛けもないごくフツーの問題。

共テ型設問

①照合問題（受験生の苦手度★★★★☆）

　…読解資料中の2カ所（あるいは3カ所），あるいは2つの読解資料双方の設問該当箇所にアクセスし，両方の内容を照らし合わせて解答を導くタイプの設問。正答率低。共テの真骨頂とも言える設問形式であちこちの問題で出る！

②順序整理問題（受験生の苦手度★★★☆☆）

　…読解資料全体から出来事の順序，行動・感情変化の順序を整理する設問。大したことないように見えて苦手な受験生が意外に多い。

③ FO 分別問題（受験生の苦手度★★☆☆☆）

　…Fact と Opinion の混ざった選択肢から設問の要求に応じて正解を選ぶ問題。難しそうに見えるけど，実はそーでもない。

この3つの形式を徹底的に意識してどんな見かけの問題でも確実に正解できるようにするのが小問集合の攻略法だ！

共テ対策では徹底して設問形式を意識すること。理想を言えば，まずは受験生の苦手度がそれほどでもない FO 分別を含む問題（小問集合型のもの）をいくつも集めて，この本で考え方を十分確認した上で一気に解く。間違ったら 1 つひとつキッチリ理解し直す。最終確認の意味でもう一度全部解き直して，ひとまず FO 分別の対策はオッケー。次に苦手度が上がる順序整理問題を含んだ問題。これも小問集合で出題された（あるいは，されると予想して作られた）問題をいっぱい集めて解いて，反省して最終確認。そして，次に苦手度最高の照合問題を解く。ただし，ただ闇雲にたくさんの問題を解いて「慣れ」でなんとかしようとするんじゃなく，**「これぞ共テ！」という上の 3 つの設問形式を 1 つずつ潰す**イメージで作業を進めたい。ルックスが毎年違う小問集合攻略のコツは，読解資料の見かけじゃなく，設問形式という共通項にピントを合わせて苦手形式をなくすことだということを覚えておこう。

■ Section 2　第 4・5 問　総合問題①

カンタンそうでそうでもない「並列型」と
ムズカシそうでそうでもない「直列型」。

　試験開始から 25 分（たぶんプラス a ）で Section 1 を無事通過したら，いよいよ本格的な長文読解問題に突入。ここからの 25 分（たぶんちょうど）は Section 2，第 4 問の日常生活文総合読解問題と第 5 問の物語文総合読解問題の 2 問になります。

　第 4 問と第 5 問の違いについて話す前に，まず第 6 問も含めての「長文読解作業のキホン」について話しておきましょう。これは共テに限らないんだけど，国公立・私立を問わず，難関大学の長文問題は一昔前と比べて本文がかなり長くなっています。ムカシムカシの入試では「細部をキッチリ観察」的視点の問題が多く，設問も「文の理解」に焦点を当てたものが多かった。でも，令和の今，入試は完全に「文章理解」，つまり，全体の「流れの把握」に加えて「情報処理」（＝文章中から要求される細部情報を素早く捉える）にフォーカスすることが多くなっている。そうすると，**「ある程度の量」の文章を一気に読む必要がある**ということになります。で，今の入試ではその「ある程度の量」

が240〜320語程度に設定されているものが多く，共テもそのデザインに沿って作られているんだ。1つ240〜320語の英文のカタマリを正方形で示してそれを2つ並べるとなんと！「これって共テ・リーディングのセクション2じゃん」ということになるんです。

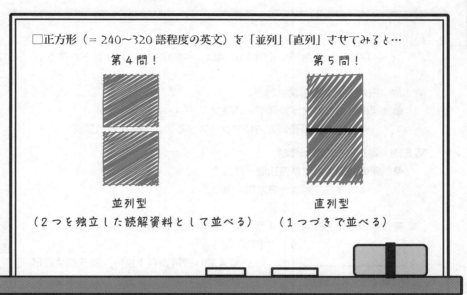

じゃ，次のはなし。第4問と第5問には違いがもう1つあります。第4問が

結論。第4問は1つめの資料を「一気に」読み設問を解きます。2つめも「一気に」読み設問を解きます。第5問は全体を2分割して（もちろん段落区切りと段落の間で分ける）前半も「一気に」，後半も「一気に」読み設問を解きます。設問をアタマに入れて解答を拾うイメージで読む，はNG。Section 2と3では，**全体を2分割で作業＝「一気に読んで該当する設問をすべて解く」×2のリズムをマスターする**こと。これが25分で2問の長文をスムーズに解ききる力を支えるスタミナになります。どんなワザを磨くにせよ，基礎体力を鍛えなきゃ始まらないよね。あとでまとめますが，すべての対策はそこからスタートすることを知っておきましょう。

　じゃ，次のはなし。第4問と第5問には違いがもう1つあります。第4問が日常生活に関連した2つの**共時文**なのに対して，第5問は人物の生涯などを題材とした**通時文**であることです。「共時」は時間共有の意味で，つまり，文章

の中で時間が流れない。要するに「ある一定の時」の話。「通時」は時間が過ぎていく，つまり，文章の中でどんどん時代が下っていくのね。人物の生涯なんてのはその最もわかりやすい例です。この違いが共テの問題デザインとどう関係してるのか？　マスターすべき作業手順とともにまとめて示してみます。

ハイスコアへの道③
　　　～「並列 or 直列」×「共時 or 通時」＝意識すべきポイントが違う！

第4問　日常生活文総合読解問題
　●問題の特徴：本文が並列型・共時文
　　➡2つの読解資料双方にアクセスする照合問題を徹底意識！

第5問　物語文総合読解問題
　●問題の特徴：本文が直列型・通時文
　　➡順序整理問題を徹底的に意識！

□解答作業の手順・時間は第4問・第5問とも原則共通。

前半6分（±α）	①前半「読」 …第4問は読解資料1全体，第5問は段落単位で本文を半分に分割して前半を，いずれも「一気に」読む。 ②前半「解」 …該当するすべての設問に解答。正解が複数ある設問ではこの時点で判断できるものを，順序整理問題では前半で読み取れる順序すべてを固めておく。

後半6分（±α）	③後半「読」 ④後半「解」 …残ったすべての設問に解答。最後に第4問では照合問題，第5問では順序整理問題を「検算」。必ず最終チェックを！

　時間についてはこのあと Section 3 のところでもう少し詳しく話すとして，第4問と第5問では問題文が「直列か並列か」「共時か通時か」の違いから「要注意，慎重に！」と身構えるべきポイントが違ってきます。この「身構える」というのが大事なことで，最初から「第4問では照合問題。ぜったい間違えねえぞ！」「次は第5問。順序整理問題だけは必ず正解する！」と強く意識できるかどうかで正解率が変わるんだな，これが。実際，予備校の演習クラスでも，「いーか，これだけはぜったいに間違えるんじゃねーぞ！」と生徒にプレッシャーをかけてから解かせると正解率が高い（笑）。そもそも本文レベルは小問集合とたいして変わらないし，照合問題だって順序配列問題だって Section 1 でも出てるわけで，特段これといって目新しい要素もありません。「この問題，なんか好きじゃない」「解きにくそう」といった漠然とした印象を捨てて，**落ち着いてその問題の特徴を正しく意識して，つまり「身構えて」取り組むことさえできれば不用意なエラーは防げる**。このことを，ほんの一言かけてから解かせると正解率が上がるという事実は示しているのです。第4問，第5問それぞれの特徴をしっかり意識して正しく「身構え」てください。それとね，受験生目線から見ると第4問はフツー，第5問は苦手に思われがちなんだけど，Section 1 で話した通り，苦手度最高の照合問題を擁する第4問は意外に得点が伸びていないケースが多い。逆におそらくは物語長文に慣れていないため，そこはかとなく苦手意識を感じる第5問は演習を通じてリズムさえつかめてしまえば多くの生徒はかなり安定して高得点をあげている。こうしたことも知っておきましょう。このセクションをミスなく通過することが，正真正銘「ハイスコアへの道」になります。

細部観察型と全体把握型の 2 問だが，
特別な意識は不要！「ただの」長文。

　最後が Section 3，第 6 問の評論文総合読解問題×2 問です。**細部の内容に
関する設問が中心となる 1 問と，全体の流れが把握できているかを問う設問
がメインとなる 1 問**。設問に注目すると異なる性質の 2 問ということになり
ますが，受験生にはそんなこと関係ありません。気にしない気にしない。どち
らも「ただの評論の長文問題」です。長さもほぼほぼほぼ同じ。流れ重視の方には
グラフ完成など目を引く設問がありますが，実際は照合問題に過ぎません。第
2 章の問題演習を通じてバッチリ仕上げれば恐れる必要はありません。

　さて，受験生であるきみにとってヒジョーに大切な「時間」の話をしましょ
う。試験対策には適切な時間配分というポイントが含まれるわけで，「ゆっく
りやればカンペキ！」は意味がありません。だって本番はゆっくりやってちゃ
ダメなんだから。そこで作業のスピードについても日頃から十分に意識を向け
てトレーニングする必要があります。そして，トレーニングするにはまず「こ
れが理想」という時間配分を知っておかなきゃ始まりません。

　リーディングの解答作業で**時間配分のポイントになるのは「読む速さ」**で
す。「解く速さ」については，難関私大の長文とかになると話は別ですが，共
テではそれほど強く意識する必要はありません。なぜならほとんどの生徒は問
題ないから。今これを読んでいるアナタも，おそらくは問題ないでしょう。問
題あるのが「読む速さ」です。特に春あたり，まだ本格的な受験勉強を始めて
間もない時期に，予備校の教室で第 5 問や第 6 問を解かせると，ものの見事に
生徒によってバラバラ。読んでいる最中の生徒に「そんなにゆっくり読んでい
たら解き切れないぞー」とつい突っ込んでしまう，…なんてことはもちろん
ありませんが，あまりのバラバラさにある種，感動すら覚えます。正しい「読
む時間」，対策を始める前にしっかり知っておきましょう。

ハイスコアへの道④　～正しい「読む速さ」を今からトレーニング！

【試験全体の時間配分】

Section 1　第1〜3問　　全体で25分 ⎫
Section 2　第4・5問　　　〃　　　｜　残りの5分は微調整分
Section 3　第6問A・B　　〃　　　⎭

【このうち「読む」時間】

「一気に」読む分量＝240〜320語

➡
> Section 1　短いもので全体を1分，長いもので全体を3分（＋α）
> Section 2　第4問は2つの読解資料を1つ3分
> 　　　　　　第5問は本文半分を3分
> Section 3　A・Bとも本文半分を3分

　　　　　⬇

第4〜6問は作業を前後半2分割。
前半…「読」3分（＋α）＋「解」3分（−α）
後半…「読」3分（＋α）＋「解」3分（−α）
➡ 1問12分がデフォルト。Section 2, 3とも2問＝
　12分×2＝24分に＋αで「1セクション25分」が
　目安になる。ここから余る時間を足りないセクション
　に振り分けて微調整する。

　要するに，**第5問や第6問の長文の半分を3分で読み切るトレーニングを
しなさい**，ということです。中には＋α時間が必要なものもあるだろうけど，
そこはそんなに厳密に考えなくてOK。「平均してだいたい3分」で安定して
読み進められるスピードが身につけば，試験全体で80分は余裕シャクシャク
な時間となり，その分落ち着いて1つひとつ作業ができるようになり，つまら
ないミスなども限りなくゼロに近づく。つまり，いよいよハイスコア目前なわ
けだ。「3分で読んで3分で解く」を2回繰り返して1問終了，時計を見ると

12分経過。第4問から第6問Bまで，このリズムで行くのが理想になります。

　理想というのは実現しないから理想なのであって，「ややオーバー」くらいが普通。でもね，日々のトレーニングに際しては，可能な限り理想を追いかけましょう。最初はキツいかもしれません。でも，語彙知識，文法知識，和訳力といった受験生なら誰もが当たり前にやる勉強をコツコツ進めるうちに読解のスタミナもしっかりついてきます。自分の解答作業が理想に近づいていることを実感しながら対策を進めることができるでしょう。そうなるともう，ハイスコアは手に入れたも同然。そんな日が早く訪れることを期待しつつ，ここまで話してきた「ハイスコアへの道」をしっかりアタマに入れて，次章からの対策をさっそくスタートさせましょう。

　ハイスコアへ，ようこそ！

第2章 実践！ハイスコア・トレーニング

実践！ハイスコア・トレーニング

Section 1 | 第1～3問　小問集合

■**セクションの概要**

　第1～3問は小問集合であり，さまざまな種類の読解資料（本文）を読んで設問で求められた情報を正しく拾うことができるかを問う問題が並びます。各問題の読解資料の形式がほぼ毎年変更されるため，「見た目」に振り回されない安定した解答プロセスを身につけましょう。

□**本文**

　ホームページや予定表，広告・パンフレットなどの日常生活に密着した情報ソース，および物語文。いずれも平易な英語で書かれており，難易度は高くない。

□**設問**

　基本は設問文中のキーワードを本文検索して必要情報を手繰る〈キーワード検索〉。これに共テ型設問として①照合問題，②順序整理問題，③ FO（Fact/ Opinion）分別問題の3種が加わる。

□**手順**

　「**全部読んでから一気に解く**」が基本。

□**解答時間**

　各ＡＢの問題数が少ないものを2分，ややボリュームのあるものを5分（＋α）で解くことが目安となり，セクション全体で25分が目標。

□**注意点**

　設問の難易度は決して高くないため，ハイスコア獲得を目指す受験生にとっては間違いが許されない。ただ，「英語との戦い」よりも「時間との戦い」になりやすいため，いわゆるケアレスミスが最も多く見られるセクションである。

22

■ハイスコア獲得の演習法

読解資料のカタチが毎年変わるため，少なくとも初期の対策では，資料の形式にあわせて演習を積むよりも，設問形式別に演習すべき。「**一般型（キーワード検索）のみの問題➡FO分別を含む問題➡順序整理を含む問題➡照合を含む問題**」のように，それぞれを複数題，反復演習することで，設問形式による得意不得意を徹底的になくすことを意識しよう！

■ハイスコアの核心

プロセス **1** 設問文または選択肢から検索に必要なキーワードを設定

文章全体の中から設問で問われている内容を探し出す問題であり，**まず必要になるのは「何を探せばいいのか」を明らかにすること**。設問文に具体的な内容が現れる場合はそこから，現れない場合（設問文が Which of the following is true?「次のうち正しいものはどれか」のような場合）は各選択肢の中から，本文内の情報を拾う上でヒントとなりそうなキーワードを設定する。

プロセス **2** 本文内からキーワードを検索，周辺の内容を再確認

いきなり解答を探そうとするのではなく，**まずはキーワードを確実につかむ**のが重要。正解情報は必ず本文中のキーワード周辺に現れる。注意すべきは，設問文または選択肢中の**キーワードが本文内では言い換えられている可能性がある**こと。難易度がやや高めの設問では，キーワードは「表現」ではなく「内容」を探すのがポイントとなることが多い。

プロセス **3** キーワード周辺の内容と選択肢を照合

解答作業はプロセス**2**で事実上終了。あとは各選択肢を確認して合致するものを選ぶだけであり，正解を選ぶのは容易だ。**1問につきプロセス1〜3を30秒で通過する解答力を身につけたい。**

例題

You are studying at a senior high school in Alberta, Canada. Your classmate Bob is sending you messages about the after-school activities for this term.

Hey! How are you doing?

Hi Bob. I'm great!

Did you hear about this? We've got to choose our after-school activities for this term.

Yes! I'm going to join the volunteer program and tutor at an elementary school.

What are you going to tutor?

They need tutors for different grades and subjects. I want to help elementary school kids learn Japanese. How about you? Are you going to sign up for this program?

Yes, I'm really interested in the volunteer program, too.

You are good at geography and history. Why don't you tutor the first-year senior high school students?

I don't want to tutor at a senior high school. I was thinking of volunteering at an elementary school or a kindergarten, but not many students have volunteered at junior high schools. So, I think I'll tutor there.

Really? Tutoring at a junior high school sounds difficult. What would you want to teach there?

When I was in junior high school, math was really hard for me. I'd like to tutor math because I think it's difficult for students.

2

問1 Where does Bob plan to help as a volunteer? 1

① At a junior high school

② At a kindergarten

③ At a senior high school

④ At an elementary school

問2 What is the most appropriate response to Bob's last message? 2

① My favorite subject was math, too.

② We will tutor at the same school then.

③ Wow, that's a great idea!

④ Wow, you really love Japanese!

■ One Point アドバイス

問1 が典型的な**キーワード検索問題**。問われているのは Bob についてなので, Bob のセリフから volunteer を検索するイメージで解答情報を手繰っていく。

解答

問1　① 　問2　③

解説

 問1　◁ここで確認！ キーワード検索問題

「ボブはボランティアとしてどこで手伝いをする予定ですか。」 ⬚1

① 「中学校で」

② 「幼稚園で」

③ 「高校で」

④ 「小学校で」

プロセス 1　設問文または選択肢から検索に必要なキーワードを設定

設問文に十分な本文情報が入っていることから，キーワードは設問文から設定する。もちろん Bob × volunteer が検索キーワードになる。

プロセス 2　本文内からキーワードを検索，周辺の内容を再確認

ボランティアをしたい場所についてボブは5番目のメッセージで述べている。I don't want to tutor at a senior high school. I was thinking of volunteering at an elementary school or a kindergarten, but not many students have volunteered at junior high schools. So, I think I'll tutor there. もちろん I は全部ボブ。

プロセス 3　キーワード周辺の内容と選択肢を照合

上の部分の最後の文，there が直前の文の junior high schools を指していることを確認。正解は①。

問2　「ボブの最後のメッセージに対する最も適切な返答は何ですか。」 ⬚2

① 「僕が好きな教科も数学だったよ。」

② 「じゃあ僕たちは同じ学校で教えるんだね。」

③ 「わあ，それはすてきな考えだね！」

④ 「わあ，君は本当に日本語が大好きだね！」

ボブは最後のメッセージで，When I was in junior high school, math was really hard for me. I'd like to tutor math because I think it's difficult for students. (中学生の時は，僕にとって数学は本当に難しかったんだ。数学は

生徒たちにとって難しいと思うから，僕は数学を教えたい。）と述べている。この「自分が数学で苦労したからこそ，同じ思いをしている生徒たちを助けてあげたい」というボブの考えに対しては，③の「わあ，それはすてきな考えだね！」とボブの考えを支持する感想が適切である。よって③が正解。ボブは数学が苦手だったと言っていて，数学が好きだったとは言っていないので①は不適当。問1で見たようにボブは中学校で教えるつもりであり，あなたは2番目のメッセージで an elementary school（小学校）で教えるつもりだと言っているから，②も不適当。日本語を教えるのはあなたであり，ボブは日本語については何もふれていないので④も不適当。

| 和訳 |

　あなたはカナダのアルバータにある高校で勉強しています。クラスメートのボブが今学期の放課後の活動についてメッセージを送ってきました。

「やあ！　元気？」
　　「やあ，ボブ，元気だよ！」
「これってもう聞いた？　今学期の放課後の活動を選ばなきゃならないんだって。」
　　「聞いたよ！　僕はボランティア・プログラムに参加して小学校で教えるつもりだよ。」
「何を教えるつもり？」
　　「学校ではいろいろな学年や教科を教える人が必要なんだ。僕は小学生が日本語を学ぶのを手伝いたいな。君は？　このプログラムに申し込むつもり？」
「うん。僕もボランティア・プログラムにとても興味があるんだ。」
　　「君は地理と歴史が得意だよね。高校1年生を教えるのはどう？」
「高校では教えたくないな。僕は小学校か幼稚園でボランティアすることを考えていたんだけど，中学校でボランティアをする生徒は多くないんだ。だから僕はそこで教えようと思っているよ。」
　　「本当？　中学校で教えるのは難しそうだな。そこで何を教えたいの？」
「中学生の時は，僕にとって数学は本当に難しかったんだ。数学は生徒たちにとって難しいと思うから，僕は数学を教えたいな。」
　　「　　2　　」

□ have got to *do* = have to *do*

□ tutor 動（個人的に）教える；個別指導する，图 個別指導員

□ sign up for ～ ～に申し込む〔参加する〕

□ kindergarten 幼稚園

□ **問2** appropriate 形 適切な

You visited your town's English website and found an interesting notice.

Call for Participants: Sister-City Youth Meeting
"Learning to Live Together"

Our town's three sister cities in Germany, Senegal, and Mexico will each send ten young people between the ages of 15 and 18 to our town next March. There will be an eight-day youth meeting called "Learning to Live Together." It will be our guests' first visit to Japan.

We are looking for people to participate: we need a host team of 30 students from our town's high schools, 30 home-stay families for the visiting young people, and 20 staff members to manage the event.

Program Schedule

March 20	Orientation, Welcome party
March 21	Sightseeing in small four-country mixed groups
March 22	Two presentations on traditional dance: (1) Senegalese students, (2) Japanese students
March 23	Two presentations on traditional food: (1) Mexican students, (2) Japanese students
March 24	Two presentations on traditional clothing: (1) German students, (2) Japanese students
March 25	Sightseeing in small four-country mixed groups
March 26	Free time with host families
March 27	Farewell party

● Parties and presentations will be held at the Community Center.
● The meeting language will be English. Our visitors are non-native speakers of English, but they have basic English-language skills.

To register, click here before 5 p.m. December 20.

▶▶ International Affairs Division of the Town Hall

問1 The purpose of this notice is to find people from the host town to ⬚3⬚ .

① decide the schedule of activities
② take part in the event
③ visit all of the sister cities
④ write a report about the meeting

問2 During the meeting the students are going to ⬚4⬚ .

① have discussions about global issues
② make presentations on their own cultures
③ spend most of their time sightseeing
④ visit local high schools to teach languages

問3 The meeting will be a good communication opportunity because all of the students will ⬚5⬚ .

① be divided into different age groups
② have Japanese and English lessons
③ speak with one another in English
④ stay with families from the three sister cities

■ One Point アドバイス

すべての設問が**キーワード検索問題**。共テではこうした「イベントのお知らせ」の説明文がよく取り上げられる。キーワード検索問題でも，このような出題パターンのものは，〈特定エリア検索型〉として，**キーワード設定の前に検索対象のエリアを見極める手順を最初にもってくるとよい**。この種の資料は記載内容から全体がいくつかの情報エリアに分けられる（例題の場合，（Ⅰ）参加者募集のお知らせ（Ⅱ）プログラム・スケジュール（Ⅲ）

注の3エリア構成）。設問ごとに**「どのエリアを探せばいいのか」を意識する**とより効率的に作業を進めることができる。また，こうした資料では，例えばプログラム・スケジュール等を丁寧に読んでおく必要はない。初めに目を通す際には「ここはイベントのスケジュールだ」と全体にザッと目を通すだけにとどめ，設問解答の際にキーワードを丁寧に手繰れば十分だ。

解答

問1　② 　問2　② 　問3　③

解説

問1　「この告知の目的は 　3　 ホストタウンの人々を見つけることである。」
　　　➡エリア（Ⅰ）〈参加者募集のお知らせ〉から検索！
① 「活動のスケジュールを決める」
② 「イベントに参加する」
③ 「すべての姉妹都市を訪問する」
④ 「ミーティングについてのレポートを書く」

1 検索すべきエリアを特定

　このウェブページは，全体が3つのエリアで構成されている。（Ⅰ）タイトル〜上部の本文部分が「参加者募集のお知らせ」，（Ⅱ）中央のカレンダー部分が「プログラム・スケジュール」，そして最後，「●」から始まる行から下が（Ⅲ）「注」部分で，ここには2項目の注と登録方法の指示が掲載されている。設問文が「この告知の目的は」で始まることから，検索エリアは(Ⅰ)「参加者募集のお知らせ」部分になることがわかる。

2 該当エリア内でキーワードを検索，周辺の内容を確認

　設問文の find people (from the host town)（（ホストタウンの）人々を見つける）がキーワードとなり，これを**1**で特定した（Ⅰ）のエリア内から検索すると，第2パラグラフに We are looking for people（私たちは人々を探している）とある。その周辺の内容を確認すると，募集対象は people to participate（参加者）だとわかる。

3 キーワード周辺の内容と選択肢を照合

「参加者」を示す選択肢は②であり，これが正解。残る3つはいずれも記載がない。

問2 「ミーティングの間，生徒は 4 予定だ。」

　　　　➡エリア (Ⅱ)〈プログラム・スケジュール〉から検索！

① 「地球規模の問題について討論する」

② 「自分たち自身の文化についてプレゼンテーションをする」

③ 「観光にほとんどの時間を費やす」

④ 「言語を教えるために地元の高校を訪問する」

1 検索すべきエリアを特定

　設問文に During the meeting the students are going to 4 .（ミーティングの間，生徒たちは 4 予定だ。）とあることから，検索対象となるエリアは (Ⅱ)「プログラム・スケジュール」になる。

2 該当エリア内でキーワードを検索，周辺の内容を確認

　設問文の the students are going to ではキーワードを設定しようがない。したがって，この設問では選択肢を確認し，述べられている内容をキーワードとする必要がある。①「地球規模の問題」，②「文化」「プレゼンテーション」，③「観光」，④「地元の高校を訪問」と，いずれも選択肢の中心情報をキーワードとし，該当エリア内で述べられているものといないものを丁寧に選別する。

　①の「地球規模の問題」は記載がない。②「文化」「プレゼンテーション」は March 22〜24 の3日間にわたり記述がある。③「観光」は March 21 と 25 の2日間が当てられている。④「地元の高校を訪問」は記述なし。したがって①と④は不正解。

3 キーワード周辺の内容と選択肢を照合

　③は「ほとんどの時間を費やす」とあるが，実際には1週間のプログラムのうち観光の予定が2日間しかないことから「ほとんどの時間」とは言えず不正解になる。正解は②である。

問3 「すべての生徒は 5 ので，ミーティングはよいコミュニケーションの機会になるだろう。」

➡エリア（Ⅲ）〈注〉から検索！

① 「異なる年齢層に分けられる」
② 「日本語と英語のレッスンを受ける」
③ 「英語で他の生徒と話す」
④ 「3つの姉妹都市出身の家族のところに滞在する」

1 検索すべきエリアを特定

　問1，問2と解いて，残るエリアが1つしかないことから，(Ⅲ)「注」をこの設問の検索エリアと仮定して進める。

2 該当エリア内でキーワードを検索，周辺の内容を確認

　設問文の a good communication opportunity（よいコミュニケーションの機会）をキーワードとする。第1章で述べたとおり，設問文や選択肢で設定したキーワードは必ずしもそのままの言葉で現れるとは限らず，この設問では，該当エリア内から「コミュニケーション」に関係する内容を検索することになる。見つかるのは2つ目の●に続いて書かれた The meeting language will be English.（ミーティングの使用言語は英語です。）という部分である。

3 キーワード周辺の内容と選択肢を照合

　設問文の空所に③「英語で話す」を入れると2で確認した部分と完全に一致するので，これが正解。①「異なる年齢層」，②「日本語と英語のレッスン」，④「3つの姉妹都市出身の家族のところに滞在」はいずれも資料に一切記述されていないため誤り。

和訳

　あなたは自分の住んでいる町の英語で書かれたウェブサイトを訪れて，興味深いお知らせを見つけました。

参加者募集：姉妹都市ユースミーティング「共生を学ぶ」

　ドイツ，セネガル，メキシコにある私たちの3つの姉妹都市は，この3月に，15歳から18歳の若者を10人ずつ私たちの町に派遣します。8日間の「共生を学ぶ」とよばれるユースミーティングを開催します。これは私たちのゲストの最初の日本訪問になります。

　参加者を探しています：町内の高校生30人のホストチーム，訪問する若者たちのための30のホームステイ家族，イベントを運営する20人のスタッフを必要として

います。

プログラム・スケジュール

3月20日	オリエンテーション，歓迎会
3月21日	4カ国混合の小グループでの観光
3月22日	伝統舞踊についての2つのプレゼンテーション (1) セネガルの生徒　(2) 日本の生徒
3月23日	伝統食についての2つのプレゼンテーション (1) メキシコの生徒　(2) 日本の生徒
3月24日	伝統衣装についての2つのプレゼンテーション (1) ドイツの生徒　(2) 日本の生徒
3月25日	4カ国混合の小グループでの観光
3月26日	ホストファミリーとの自由時間
3月27日	送別会

● パーティーとプレゼンテーションは公民館で開催されます。

● ミーティングの使用言語は英語です。訪問者は英語のネイティブスピーカーではありませんが，基本的な英語の言語スキルがあります。

　　登録には，12月20日の午後5時までにここをクリックしてください。

▶▶ 町役場 国際関係課

Words & Phrases

□ call for 〜　〜募集；〜を求む

□ between A and B　AとBの間

□ participate　圓 参加する

□ register　圓 登録する

■ハイスコアの核心

プロセス ❶ <u>4つの選択肢を fact と opinion にあらかじめ分別，検索対象となる選択肢を絞り込み</u>

fact と opinion を分別する設問では，4つの選択肢に原則として両方が含まれる。したがって，**最初に「どの選択肢が fact を述べ，どの選択肢が opinion を述べているか」を確認**。設問で求められているのが fact なら fact を述べた選択肢，opinion なら opinion を述べた選択肢だけが正解候補となる。この候補には，英文資料内から正解を確認するための検索キーワードが含まれる。

fact と opinion を分別する上で大きなヒントとなるのは選択肢中の品詞である。fact は「～が作られている」「～が示されている」など，文意の中心が**名詞＋動詞**になっていることが多いのに対し，opinion は「簡単だ」「おいしい」などの**形容詞（または副詞）**が中心。あるいは「…しなければならない」などの**助動詞**を含む英文も opinion になることが多いことも覚えておくといいだろう。

プロセス ❷ <u>絞り込んだ選択肢からキーワードを設定，英文資料内を検索</u>

選択肢を fact/opinion に分別したら，ここから先は〈キーワード検索〉になる。絞り込んだ選択肢1つひとつからキーワードを設定し，求められている fact あるいは opinion が記述されているかどうかを確認する。

プロセス ❸ <u>キーワード周辺の内容と選択肢を照合</u>

注意が必要なのは，**選択肢がいくら「正しい」ことを述べていても，それについての記述が本文になければ不正解**になるということ。「本文に述べられている」fact あるいは opinion を確認して解答作業を終了する。解答時間は**1問 30 秒以内**が目安になる。

例題

You've heard about a change in school policy at the school in the UK where you are now studying as an exchange student. You are reading the discussions about the policy in an online forum.

— ☐ ×

New School Policy < Posted on 21 September 2020 >
To: P. E. Berger
From: K. Roberts

Dear Dr Berger,

On behalf of all students, welcome to St Mark's School. We heard that you are the first Head Teacher with a business background, so we hope your experience will help our school.

I would like to express one concern about the change you are proposing to the after-school activity schedule. I realise that saving energy is important and from now it will be getting darker earlier. Is this why you have made the schedule an hour and a half shorter? Students at St Mark's School take both their studies and their after-school activities very seriously. A number of students have told me that they want to stay at school until 6.00 pm as they have always done. Therefore, I would like to ask you to think again about this sudden change in policy.

Regards,
Ken Roberts
Head Student

Re: New School Policy < Posted on 22 September 2020 >

To: K. Roberts

From: P. E. Berger

Dear Ken,

Many thanks for your kind post. You've expressed some important concerns, especially about the energy costs and student opinions on school activities.

The new policy has nothing to do with saving energy. The decision was made based on a 2019 police report. The report showed that our city has become less safe due to a 5% increase in serious crimes. I would like to protect our students, so I would like them to return home before it gets dark.

Yours,

Dr P. E. Berger

Head Teacher

問1　Ken thinks the new policy ☐ 11 ☐.

① can make students study more

② may improve school safety

③ should be introduced immediately

④ will reduce after-school activity time

問2　One **fact** stated in Ken's forum post is that ⬚12⬚ .

① more discussion is needed about the policy

② the Head Teacher's experience is improving the school

③ the school should think about students' activities

④ there are students who do not welcome the new policy

問3　Who thinks the aim of the policy is to save energy?　⬚13⬚

① Dr Berger

② Ken

③ The city

④ The police

問4　Dr Berger is basing his new policy on the **fact** that ⬚14⬚ .

① going home early is important

② safety in the city has decreased

③ the school has to save electricity

④ the students need protection

問5　What would you research to help Ken oppose the new policy?
⬚15⬚

① The crime rate and its relation to the local area

② The energy budget and electricity costs of the school

③ The length of school activity time versus the budget

④ The study hours for students who do after-school activities

解答

問1 ④　問2 ④　問3 ②　問4 ②　問5 ①

解説

問1 「ケンは新しい方針は 11 と思っています。」

① 「学生をもっと勉強させることができる」

② 「学校の安全性を向上させられるかもしれない」

③ 「ただちに導入されるべきだ」

④ 「放課後の活動時間を減らすだろう」

　ケンは投稿の第2段落第3文で，Is this why you have made the schedule an hour and a half shorter?（このことがスケジュールを1時間半短縮した理由ですか？）とバーガー博士に問いかけ，続けて「この学校の学生は勉強と放課後活動の両方に真剣に取り組んでおり，多くの学生が従来通りの時間まで学校にいたいと述べている」と伝えている。したがって，新しい方針は放課後活動の時間を短縮するものだとわかるので，④が正解。①に関する言及はないので，①は不適当。②については，バーガー博士が第2段落第4文で，I would like to protect our students（私は学生を守りたい）と書いており，ケンの考えではないので，これも不適当。ケンは投稿の第2段落最終文で，I would like to ask you to think again about this sudden change in policy（この突然の方針変更についてご再考をお願いしたいと思っています）と求めているので，③も不適当。

 問2　◁ここで確認!　FO 分別問題

「ケンのフォーラムへの投稿で述べられている1つの**事実**は 12 ということです。」

① 「その方針についてさらに議論する必要がある」

② 「校長の経験は学校を向上させている」

③ 「学校は学生の活動について考えるべきだ」

④ 「新しい方針を歓迎しない学生がいる」

プロセス 1 4 つの選択肢を fact と opinion にあらかじめ分別，検索対象となる選択肢を絞り込み

　①「する必要がある」と③「考えるべきだ」が opinion，②「向上させている」と④「学生がいる」が fact。不安な選択肢はキーワード検索。

プロセス 2 絞り込んだ選択肢からキーワードを設定，英文資料内を検索

　②は the Head Teacher's experience で検索。ケンの投稿の第 1 段落第 2 文に we hope your experience will help our school とあるが，これはケンの願望，つまり客観的事実ではないので②は不適当。④に移る。

プロセス 3 キーワード周辺の内容と選択肢を照合

students をキーワードにケンの投稿の第 2 段落第 5 文，A number of students have told me that they want to stay at school until 6.00 pm as they have always done. にたどり着く。これが客観的事実であることを確認し，④を正解と判断する。

問 3 「その方針の目的はエネルギーの節約だと考えているのは誰ですか。」

| 13 |

① 「バーガー博士」

② 「ケン」

③ 「市」

④ 「警察」

　ケンの第 2 段落第 2 文で，I realise that saving energy is important and from now it will be getting darker earlier. （エネルギーを節約することは重要であり，今後暗くなるのがより早くなっていくことはよくわかります。）と述べている。この方針変更の目的はエネルギーの節約であると考えているのはケンだと言えるので，②が正解。バーガー博士は投稿の第 2 段落第 1 文で，The new policy has nothing to do with saving energy. （新しい方針はエネルギーの節約とは何の関係もありません。）と述べているので，①は不適当。市

や警察が学校の方針変更に関わっているといったことは，どちらの投稿でも触れられていないから，③と④も不適当。

問4 「バーガー博士は ☐14☐ という**事実**に基づいて新しい方針を決めようとしている。」
① 「早く帰宅することは重要だ」
② 「市の安全性が低下してしまった」
③ 「学校は電気を節約しなければならない」
④ 「学生は保護を必要としている」

　事実を答える問題なので，個人の主観の入った**意見**は不適当である。バーガー博士の投稿の第2段落第2〜3文に，The decision was made based on a 2019 police report. The report showed that our city has become less safe due to a 5% increase in serious crimes.（その決定は，2019年の警察の報告に基づいてなされました。その報告によると，重大犯罪が5％増加したため，私たちの市は安全性が低下しました。）とあり，「市の安全性低下」は客観的な事実なので，②が正解。バーガー博士は続く第4文で，I would like to protect our students, so I would like them to return home before it gets dark.（私は学生を守りたいので，暗くなる前に帰宅してほしいのです。）と述べているが，これはバーガー博士の願望であり，客観的事実ではないので，①と④は不適当。またバーガー博士は投稿の第2段落第1文で，The new policy has nothing to do with saving energy.（新しい方針はエネルギーの節約とは何の関係もありません。）と述べているので，③も本文の内容と不一致。

問5 「ケンが新しい方針に反対するのを手助けするとしたらあなたは何を調べますか。」 ☐15☐
① 「犯罪率と地元地域との関係」
② 「学校のエネルギー予算と電気代」
③ 「学校の活動時間の長さに対する予算」
④ 「放課後の活動をする学生の学習時間」

　問4で見たように，バーガー博士が新しい方針を決めた目的は「市内で重大犯罪が増加し，安全性が低下したので，学生を早く帰宅させたい」ということ

である。これを覆すためには，「学校の地元地域は犯罪率が高くなく，安全である」ということを証明すればよいので，①が正解。新しい方針の目的は，学校の電気代の削減や，学校での活動にかかる予算の削減や，学生の学習時間確保のためではないので，②，③，④は不適当。

和訳

　あなたは交換留学生として今勉強しているイギリスの学校で，学校方針の変更について聞いたところです。あなたはオンラインフォーラムでその方針についての討論を読んでいるところです。

新しい学校方針＜ 2020 年 9 月 21 日投稿＞
To: P.E. バーガー
From: K. ロバーツ

親愛なるバーガー博士
　全学生を代表し，セント・マークス校へようこそ。あなたはビジネスの経歴を持つ最初の校長先生であると伺いましたので，あなたのご経験が私たちの学校に役立つことを願っています。
　あなたが放課後の活動スケジュールに対してご提案されている変更について，1 つの懸念をお伝えしたいと思います。エネルギーを節約することは重要であり，今後暗くなるのがより早くなっていくことはよくわかります。このことがスケジュールを 1 時間半短縮した理由ですか？　セント・マークス校の学生は勉強と放課後の活動の両方にとても真剣に取り組んでいます。多くの学生が，従来やってきたように午後 6 時まで学校にいたいと私に言ってきています。したがいまして，この突然の方針変更についてご再考をお願いしたいと思っています。

敬具
ケン・ロバーツ
生徒会長

Re: 新しい学校方針＜2020年9月22日投稿＞
To: K. ロバーツ
From: P.E. バーガー

親愛なるケン
　親切な投稿に大変感謝します。あなたはいくつかの重要な懸念，特にエネルギーコストと学校活動に関する学生の意見について表明してくれました。
　新しい方針はエネルギーの節約とは何の関係もありません。その決定は，2019年の警察の報告に基づいてなされました。その報告によると，重大犯罪が5％増加したため，私たちの市は安全性が低下しました。私は学生を守りたいので，暗くなる前に帰宅してほしいのです。

敬具
P.E. バーガー博士
校長

Words & Phrases

□ on behalf of ～　　～を代表して
□ propose ～　他　～を提案する
□ a number of ～　　多くの～
□ regards　（手紙などで）敬具
□ have nothing to do with ～　　～とは何の関係もない
□ due to ～　　～の理由で
□ **問1** ③　introduce ～　他　～を導入する
□ **問3**　aim　名　目的
□ **問4**　base A on B　AにBの基礎〔根拠〕を置く；Bを基にAを構築する
□ **問5**　oppose ～　他　～に反対する
□ **問5** ①　relation to ～　　～との関係
□ **問5** ②　budget　名　予算
□ **問5** ③　versus ～　　～に対して

You are going to have a potluck party with friends. Everybody is to bring a dish to share. You want to make something which looks great. On a website, you found a recipe for a tomato dish.

PARTY FOOD RECIPES

Here is one of the party food recipes from the famous cooking show "Daniel's Table."

Stuffed Tomatoes

Ingredients（serves 4）

A　4 tomatoes

B　half an onion　　　　　　160g ground beef and pork

　　a can of corn　　　　　　🥄 × 1 olive oil

　　🥄 × 2 tomato ketchup　　🥄 × 1 sauce

　　15g butter　　　　　　　salt & pepper

Instructions

Step 1: Prepare *A*

1. Slice off the top of *A* and save them to use as lids.

2. Scoop out the insides of *A* with a spoon to make tomato cups.

3. Chop up the removed insides roughly.

Step 2: Cook *B*

1. Mince the onion and cook for 10 minutes in a pan with olive oil.

2. Add the ground beef and pork, cook until it turns brown, add corn and the chopped tomato insides, and cook for another 10 minutes.

3. Add the tomato ketchup and the sauce and boil down for 5 minutes.

4. Add butter, salt, and pepper to season them.

Step 3: Bake

1. Fill the tomato cups with *B*.

2. Bake in a preheated oven at 180 degrees for 25 minutes.

3. Put tomato lids on the tomato cups.

~~~~~~

REVIEW & COMMENTS

 delicious veggie *March 9, 2019 at 10:15*
Everybody liked the food at the party. It was delicious and eye-pleasing. It's a perfect subject for photos!

 super cooking mom *April 12, 2019 at 20:08*
I've made it with my kids. I used red peppers instead of onions. Tasted great!

問1　This recipe would be good if you want to 　6　 .

① eat a dish that doesn't contain meat

② enjoy a traditional Japanese meal

③ offer something for people who don't like to eat vegetables

④ please the party guests with the food's appearance

問2　If you follow the instructions to make four stuffed tomatoes, it will probably take about 　7　 to finish cooking.

① half an hour

② one hour

③ twenty minutes

④ two to three hours

問3 Even those who don't like to eat onions may eat this dish because
⎡ 8 ⎤.

① it contains only 15g of onion

② the onion is something a famous cook likes

③ they can use other ingredients instead of onions

④ various kinds of spices are used

問4 According to the website, one **fact** (not an opinion) about this
recipe is that it is ⎡ 9 ⎤.

① a main dish for a party

② a recipe from a TV program

③ easy for anyone to make

④ popular among children

問5 According to the website, one **opinion** (not a fact) about this recipe
is that ⎡ 10 ⎤.

① it tastes great if you use fresh tomatoes

② many people want to take pictures of the dish

③ olive oil isn't used in this dish

④ the upper parts of the tomatoes aren't thrown away

解答

問1 ④　問2 ②　問3 ③　問4 ②　問5 ②

解説

問1 「もしあなたが ⎡ 6 ⎤ たいなら，このレシピはよいだろう。」

① 「肉が入っていない料理を食べ」

② 「日本の伝統的な料理を楽しみ」

③ 「野菜を食べるのが好きではない人に何か提供し」

④ 「パーティーのゲストを料理の見た目で喜ばせ」

1　検索すべきエリアを特定

　このウェブサイトは，全体が（Ⅰ）冒頭の「料理・材料の紹介」，（Ⅱ）Step 1 から Step 3 までの「レシピ」（Instructions），そして最後が（Ⅲ）「レビュー」の 3 エリア構成。設問文からは検索すべきエリアを絞り込むのが難しいため，選択肢から得られるキーワードごとに検索エリアを特定する。

2　該当エリア内でキーワードを検索，周辺の内容を確認

　①は「肉」，③は「野菜」をキーワードとし，どちらも材料にあたるので，検索エリアは（Ⅰ）「料理・材料の紹介」と予想する。また，②は「伝統的」，④は「見た目」をキーワードとし，これらは料理全体の印象や特徴にあたるので，エリアは（Ⅰ）または（Ⅲ）「レビュー」と考える。

3　キーワード周辺の内容と選択肢を照合

　材料 B に ground beef and pork （合びき肉）があるので，①は誤り。また，材料 A に「トマト」，材料 B に「タマネギ」が使われているので，③は誤り。②はまったく述べられていないので誤り。1 人目のコメントに eye-pleasing （見た目がよい），a perfect subject for photos （写真の被写体にはもってこい）と述べられている。したがって，④が正解。

問 2　「もしあなたがこの作り方に従ってトマトの詰めものを 4 つ作るとしたら，作り終えるのにおそらく約　　7　　かかるだろう。」

① 「30 分」

② 「1 時間」

③ 「20 分」

④ 「2，3 時間」

1　検索すべきエリアを特定

　設問は調理にかかる時間なので，検索エリアは（Ⅱ）「レシピ」。なお，材料の冒頭に serves 4 （4 人分）とあり，材料にもトマトが 4 つ使われているので，このレシピに記載されている時間は当初からトマト 4 つを想定していると考えられる。

2 該当エリア内でキーワードを検索，周辺の内容を確認

「時間」をキーワードとして考える。作り方の工程のうち，どの程度時間がかかるのかが述べられているのは，Step 2 と 3 である。Step 2 で B を作るのに合計 10 + 10 + 5 = 25 分間，さらに，Step 3 ではオーブンで 25 分間焼くと述べられている。

3 キーワード周辺の内容と選択肢を照合

少なくとも 25 + 25 = 50 分はかかる。時間が細かく記載されていない作業に関しては，10 分程度で終えられると想定し，②が正解。①と③は，最低限かかる時間よりも少ないので誤り。④は，最低限かかる時間の倍以上の時間なので誤り。

問3 「 **8** ので，タマネギを食べるのが好きではない人でもこの料理を食べるかもしれない。」

① 「それにはタマネギが 15 g しか含まれない」

② 「そのタマネギは有名な料理人が気に入っているものである」

③ 「タマネギの代わりに他の材料を使うことができる」

④ 「さまざまな種類のスパイスが使われている」

1 設問文または選択肢から検索に必要なキーワードを設定

設問文や選択肢からは検索エリアの特定が難しいので，オーソドックスな＜キーワード検索型＞の設問として解くことにする。検索キーワードとしては，「タマネギ」だけでなく，①「15 g」，②「有名な料理人」，③「他の材料でもいい」，④「さまざまなスパイス」も設定する。

2 本文内からキーワードを検索，周辺の内容を再確認

③に関連して，レビューの2人目のコメントで，I used red peppers instead of onions.（タマネギの代わりに赤パプリカを使った。）と述べられている。

3 キーワード周辺の内容と選択肢を照合

　レシピではタマネギを使っているが、代わりに他の具材を使うこともできることがわかるので、**③**が正解。**①**について、15ｇと指定されているのはバターであり、タマネギではない。**②**について、冒頭のレシピの紹介文に the famous cooking show "Daniel's Table"（有名な料理番組である「ダニエルのテーブル」）とはあるが、それとタマネギとの関連は述べられていない。**④**について、コショウ以外のスパイスについては言及がないので誤り。

 問4 ⟨ここで確認！⟩ FO 分別問題

「ウェブサイトによると、このレシピについての１つの**事実**（意見ではない）は、このレシピは　**9**　であるということだ。」

① 「パーティーのメイン料理」
② 「あるテレビ番組のレシピ」
③ 「誰にとっても作るのが簡単」
④ 「子どもたちに人気」

プロセス 1　4 つの選択肢を fact と opinion にあらかじめ分別、検索対象となる選択肢を絞り込み

　選択肢を見ると、**①**「メイン」料理は「事実」、**②**「テレビ番組のレシピ」は「事実」、**③**作るのが「簡単」は「意見」、**④**子どもに「人気がある」は客観的な根拠に基づいていれば「事実」、そうでなければ「意見」である。この設問で求められているのは「事実」なので、検索対象は①、②、④。

プロセス 2　絞り込んだ選択肢からキーワードを設定、英文資料内を検索

　①、②、④は、どれもレシピの工程に関することではないので、(Ⅰ)「料理・材料の紹介」または (Ⅲ)「レビュー」を検索エリアとする。

プロセス 3　キーワード周辺の内容と選択肢を照合

　冒頭のレシピの紹介文に one of the party food recipes from the famous cooking show "Daniel's Table"（有名な料理番組である「ダニエルのテーブル」のパーティー料理のレシピの1つ）とある。したがって、**②**が正解。「パーティー料理」ではあるが、特に「メイン」という記載はないので**①**は誤り。2人目のコメントで、「子どもたちと一緒に作った」ことが述べられているが、人気かどうかは述べられていないので、**④**は誤り。

問5　◁ここで確認！〉　FO 分別問題

「ウェブサイトによると，このレシピについての１つの**意見**（事実ではない）は　 10 　ということだ。」

① 「新鮮なトマトを使えばとてもおいしい」

② 「多くの人がその料理の写真を撮りたいと思う」

③ 「オリーブオイルはこの料理で使われない」

④ 「トマトの上の部分は捨てない」

プロセス 1　4 つの選択肢を fact と opinion にあらかじめ分別，検索対象となる選択肢を絞り込み

①は「おいしい」，② は「撮りたがる」で opinion，③ は「使われない」，④ は「捨てない」で fact を述べている選択肢。求められているのは「意見」なので，検索対象は①と②。

プロセス 2　絞り込んだ選択肢からキーワードを設定，英文資料内を検索

どちらも「評価とコメント」のエリアを検索すればいいことはすぐに気づくので，ピンポイントで再確認できる。

プロセス 3　キーワード周辺の内容と選択肢を照合

1 人目のコメントで，このレシピは「写真の被写体にはもってこい」と述べられている。したがって，② が正解。新鮮なトマトを使えばとてもおいしいということについては，レシピでもコメントでも述べられていないので，①は誤り。

[和訳]

あなたは，友人と料理を持ち寄ってパーティーをする予定である。分け合うための料理を全員が持って来ることになっている。あなたは素晴らしく見えるものを作りたい。ウェブサイトで，あなたはあるトマト料理のレシピを見つけた。

パーティー料理のレシピ

これは，有名な料理番組である「ダニエルのテーブル」のパーティー料理のレシピの１つです。

トマトの詰めもの

材料（4人分）

A トマト4個

B タマネギ 1/2 個　　　　　　合びき肉 160g

　　コーン缶1缶　　　　　　　オリーブオイル1さじ

　　トマトケチャップ2さじ　　ソース1さじ

　　バター15g　　　　　　　　塩・コショウ

作り方

ステップ1：*A* を準備する

1. *A* の上部を薄く切り，ふたとして使うために残しておく。
2. *A* の中身をスプーンですくい出し，トマトのカップを作る。
3. 取り除いた中身を粗く刻む。

ステップ2：*B* を作る

1. タマネギをみじん切りにし，オリーブオイルをひいたフライパンで10分炒める。
2. 合びき肉を加え，焼き色がつくまで炒め，コーンと刻んだトマトの中身を加え，さらに10分炒める。
3. トマトケチャップとソースを加え，5分煮詰める。
4. バター，塩，そしてコショウを加えて味を整える。

ステップ3：焼く

1. トマトのカップを *B* で満たす。
2. 180℃に予熱したオーブンで25分焼く。
3. トマトのカップの上にトマトのふたをのせる。

評価とコメント

・delicious veggie　2019年3月9日 10:15

　パーティーでみんなが料理を気に入ってくれました。とてもおいしいし，見た目がよかったです。写真の被写体にもってこいです！

・super cooking mom　2019年4月12日 20:08

私はそれを子どもたちと一緒に作ったことがあります。私はタマネギの代わりに赤パプリカを使いました。すごくおいしかった！

Words & Phrases

- [ ] chop up 〜　〜を切り刻む
- [ ] roughly　副 大ざっぱに
- [ ] mince　他 〜を細かく刻む
- [ ] eye-pleasing　形 見た目がよい　＞ please　他 〜を喜ばせる
- [ ] red pepper　名 赤パプリカ
- [ ] instead of 〜　〜の代わりに
- [ ] 問1 ④　appearance　名 見た目
- [ ] 問5 ④　throw away 〜　〜を捨てる

演習③　共テ型設問（順序整理問題）を含む問題

■ハイスコアの核心

プロセス **1**　選択肢を確認し「簡単な」選択肢のシーンを固定

　文章全体にわたって話がどう変化を重ねるかを観察してストーリー内での「出来事の順序」や登場人物の「感情の順序」を正しく並べる設問。読み終えた本文を漠然と眺めて「この辺はこうだった」のように**印象に流されるのは禁物。必ず根拠となる記述箇所を特定する**のがポイントになる。最初から最後に向けて順序立てて確認しようとすると時間のロスが大きくなってしまいがち。「これはあのシーンだ！」と**簡単に特定できる選択肢をまずは１つでも２つでも絞る。絞った選択肢からシーン（＝本文記述箇所）を固定しておく**と効率的。

プロセス **2**　「簡単」以外の選択肢を順にキーワード検索➡全選択肢のシーンを特定

　プロセス**1**で仮に３つの選択肢のシーンが固定されたら，あとは残った選択肢を１つずつキーワード検索。プロセス**1**でいくつかのシーンが固定されていれば，その固定されたシーンを軸として「これとあれとどっちが先か？」と比較して考えられるため作業に一定の流れが生まれ，スムーズに進めることができる。

プロセス **3**　順序を最終チェック

　おそらくはプロセス**2**の適切な作業で正解を得られるものの，順序整理問題はストーリー展開の「思い込み」による勘違いが意外なほど多発する設問形式でもある。最後に必ず全体の流れを軽く再確認し，順序に誤りがないことを確認すること。

例 題

Your British friend shows you an interesting article about dogs in the UK.

A Dog-Lover's Paradise

A visit to Robert Gray's dog rescue shelter in Greenfields will surprise you if your idea of a dog shelter is a place where dogs are often kept in crowded conditions. When I was asked to visit there last summer to take photographs for this magazine, I jumped at the chance. I will never forget how wonderful it was to see so many healthy, happy dogs running freely across the fields.

At the time of my visit, around 70 dogs were living there. Since then, the number has grown to over 100. For these dogs, the shelter is a safe place away from their past lives of neglect. The owner, Robert Gray, began taking in homeless dogs from the streets of Melchester in 2008, when dogs running wild in the city were a growing problem. Robert started the shelter in his back garden, but the number of dogs kept increasing day by day, quickly reaching 20. So, in the summer of 2009, he moved the shelter to his uncle's farm in Greenfields.

Although what I saw in Greenfields seemed like a paradise for the dogs, Robert told me that he has faced many difficulties in running the shelter. Since the very early days in Melchester, the cost of providing the dogs with food and medical treatment has been a problem. Another issue concerns the behaviour of the dogs. Some neighbouring farmers are unhappy about dogs wandering onto their land and barking loudly, which can frighten their farm animals. Most of the dogs are actually very friendly, though.

The number of dogs continues to grow, and Robert hopes that visitors will find a dog they like and give it a permanent home. One adorable dog named Muttley followed me everywhere. I was in love! I promised Muttley that I would return soon to take him home with me.

Mike Davis (January, 2022)

問 1　Put the following events (① ~ ④) into the order they happened.

　18　→　19　→　20　→　21

① The dog shelter began having financial problems.
② The dog shelter moved to a new location.
③ The number of dogs reached one hundred.
④ The writer visited the dog shelter in Greenfields.

問 2　The dog shelter was started because 　22　.

① in Melchester, there were a lot of dogs without owners
② people wanted to see dogs running freely in the streets
③ the farmers in Greenfields were worried about their dogs
④ there was a need for a place where people can adopt dogs

問3 From this article, you learnt that $\boxed{23}$.

① Robert's uncle started rescuing dogs in 2008
② the dogs are quiet and well behaved
③ the shelter has stopped accepting more dogs
④ the writer is thinking of adopting a dog

■ One Point アドバイス

問1が**順序整理問題**。各選択肢を「バラバラに」捉えるのではなく，「簡単な」選択肢を固定して，残りの選択肢は固定されたシーンとの前後比較で。この作業イメージがアタマに染み込むまで，プロセスに沿った演習を繰り返すのが「**ハイスコアへの道**」だ。

解答

問1 ① → ② → ④ → ③   問2 ①   問3 ④

解説

問1 ＜ここで確認！ 順序整理問題

「次の出来事を起こった順に並べなさい。」

$\boxed{18}$ → $\boxed{19}$ → $\boxed{20}$ → $\boxed{21}$

① 「犬のシェルターは金銭的な問題を抱え始めた。」
② 「犬のシェルターは新しい場所に引っ越した。」
③ 「犬の数が100匹に達した。」
④ 「筆者はグリーンフィールズの犬のシェルターを訪れた。」

プロセス 1 選択肢を確認し「簡単な」選択肢のシーンを固定

まずは ④ だろう。第1段落第2文に I was asked to visit there last summer とあり，there が前文の Robert Gray's dog rescue shelter in Greenfields を指すことはわかる。これで ④ のシーン特定が完了。そしてもう1つ，② が「引っ越した」という明確な出来事で特定しやすい。

第2段落最終文に in the summer of 2009, he moved the shelter to his uncle's farm in Greenfields とある。筆者が訪れたのは犬のシェルターの移動先であるグリーンフィールズだから，②は④よりも前の出来事。②→④，これを軸に次のプロセスに移る。

プロセス 2　「簡単」以外の選択肢を順にキーワード検索➡全選択肢のシーンを特定

①から確認する。financial problems をキーワードに検索。ヒットするのは第3段落第2文 Since the very early days in Melchester, the cost ... has been a problem のシーン。「メルチェスター」はグリーンフィールズに「引っ越す前」にシェルターがあった場所なので，①は②より前の出来事。①→②→④が確定。最後に③。もちろん one hundred をキーワードに検索。即座に第2段落第1，2文にたどり着き，③が「筆者が訪れたあと」であることは一目瞭然。③は④よりあとのこと。①→②→④→③でおそらく間違いない。

プロセス 3　順序を最終チェック

①のシーンを確認。②のシーンを確認し，②が①のあとであることが「絶対間違いない」ことをチェック。④を確認し，④が②のあとで…と「順序通りに」前後関係を最終チェックして，解答欄に正解を記入する。

問2　「犬のシェルターが始められたのは，| 22 |からである。」
① 「メルチェスターには，飼い主のいない犬がたくさんいた」
② 「人々は犬が通りを自由に走るのを見たかった」
③ 「グリーンフィールズの農家は自分たちの犬を心配していた」
④ 「人々が犬を引き取る場所が必要だった」

　第2段落第4文に The owner, Robert Gray, began taking in homeless dogs from the streets of Melchester in 2008, when dogs running wild in the city were a growing problem. (オーナーのロバート・グレイは2008年にメルチェスターの通りからすみかのない犬たちを引き取り始めた。その頃，街なかで野生化する犬たちは，深刻化している問題だった。) とある。つまりメルチェスターで野良犬が増えている問題を解決するために，ロバートはシェルターを始めたのだから，①が正解。通りの野生化する犬が問題になっていたのだから

②は不適当。グリーンフィールズの農家が心配しているのは，シェルターの犬が農場の動物たちを驚かせること（第3段落第4文）であり，自分たちの犬を心配しているわけではないから③も不適当。シェルターの訪問者が自分の好きな犬を見つけ，その犬を引き取ってくれることを，ロバートが望んでいることは，第4段落第1文から読み取れるが，これは最初にシェルターを始めた直接の理由ではないので，④も不適当。

問3「この記事から，あなたは　**23**　ということを知った。」

① 「ロバートのおじは2008年に犬を助けることを始めた」
② 「その犬たちは静かで行儀がよい」
③ 「シェルターはこれ以上犬を受け入れるのを停止している」
④ 「筆者は犬を引き取ることを考えている」

　最終文に I promised Muttley that I would return soon to take him home with me.（私はマトリーに家へ連れて帰るためにすぐに戻って来ると約束した。）とあり，筆者はこの犬を引き取るつもりであることがわかる。マトリーは筆者がシェルターで出会った犬。④が正解。シェルターを始めたのはロバートのおじではなくロバート自身だから①は不適当。第3段落の最後に犬たちのほとんどが very friendly（とても人なつっこい）とあるが，おとなしく行儀がよいという記述はない。②も不適当。第4段落に，シェルターの犬の数は増え続けており，ロバートは訪問者が犬を引き取ってくれることを望んでいることは書かれているが，犬の受け入れをやめたとは書かれていない。③も不適当。

英国人の友人が，英国の犬に関するおもしろい記事をあなたに見せてくれます。

犬好きの楽園

　もし，あなたの考える犬のシェルターが，犬たちがたいてい密な状態に置かれている場所だとしたら，グリーンフィールズにあるロバート・グレイの犬の救済シェルターへの訪問はあなたを驚かせることでしょう。昨年夏，この雑誌用の写真を撮るためにそこを訪れるよう依頼された時，私はそのチャンスに飛びつきました。たくさんの元気で幸せな犬が，野原を自由に駆け回っているのを見ることがどんなに素晴らしかったか，私は決して忘れないでしょう。

　私が訪れた時は，約70匹の犬がそこで暮らしていました。それ以来，その数は100匹以上に増えています。これらの犬にとってこのシェルターは，放置されていたかつての暮らしとは異なる安全な場所です。オーナーのロバート・グレイは2008年にメルチェスターの通りからすみかのない犬たちを引き取り始めました。その頃，街なかで野生化する犬たちは，深刻化している問題でした。ロバートは裏庭でシェルターを始めましたが，日に日に保護した犬の数は増え続け，すぐに20匹に達しました。そのため2009年の夏に，彼はシェルターをグリーンフィールズのおじの農園に移しました。

　私がグリーンフィールズで見たものは，犬たちにとって楽園のようでしたが，シェルターを運営するにあたって多くの困難に直面してきたとロバートは私に語りました。メルチェスターで始めたばかりの頃から，犬たちに食料や医療を与える費用がずっと問題でした。もう1つの問題は犬たちの行動に関するものです。近隣の農家の中には，彼らの土地を犬がうろついたり大きな声で吠えたりするのを好ましく思わない人もいます。そういった行動は彼らの農場の動物を怖がらせるからです。でもほとんどの犬は実際はとても人なつっこいです。

　犬の数は増え続け，ロバートは訪問者が自分の好きな犬を見つけ，その犬にずっと住める家を与えてくれることを望んでいます。マトリーと名付けられた愛らしい

犬が，私のあとをどこへでもついてきました。大好きになりました！　私はマトリーに，家へ連れて帰るためにすぐに戻って来ると約束しました。

マイク・デイビス（2022 年 1 月）

Words & Phrases

- [ ] neglect　图 放っておかれること；放置
- [ ] run wild　（動物が）野生化する
- [ ] bark　圓 吠える
- [ ] frighten　他 〜をぎょっとさせる
- [ ] adorable　形 とてもかわいい
- [ ] **問 2 ④**　adopt　他 〜を養子にする
- [ ] **問 3**　learnt（英）＝ learned（米）
- [ ] **問 3 ②**　well behaved　行儀がよい

You found the following story in a music magazine.

What Music Taught Me

Emma Miller (violinist)

   Music is essential for my family. My father teaches music at a high school, my mother plays the trumpet in a professional band, and my elder brother works as a musical actor. I started taking piano and violin lessons when I was just three years old, and I practiced very hard from morning till night. My parents expected me to become interested in music, but to tell the truth, I came to feel pressured as I grew up. I felt their expectations were too high even though I liked music.

   One day when I was a junior high school student, I had a quarrel with my parents about my future career. I didn't like music then and wanted to stop studying it for a while. My parents, however, didn't let me do that and insisted that I practice music harder. Fortunately, they finally accepted my request. For about three years after that, I did things I wanted to do such as watching movies, learning English conversation, and participating in a full marathon. All of those activities helped me think more seriously about music after entering high school.

   In my high school days, I came to like music again and was eager to practice the violin because I wanted to be a professional violinist. I concentrated on my studies and practiced more than ever to get into music college. My mother in particular gave me useful advice. My efforts paid off and I devoted myself to music with other college students. I was delighted to win first prize in competitions a few times.

I will have worked as a professional violinist for twenty years next month. It is true that I have had some difficulties to get over and not everything has gone as well as I wanted. However, I have learned from music that everyday efforts made me what I am today.

問1　According to the story, Emma experienced each event in the following order as she grew older: ☐ 18 ☐.

① learned musical instruments → argued with her parents
→ ran a marathon → became number one
→ passed the entrance exam

② learned musical instruments → argued with her parents
→ ran a marathon → passed the entrance exam
→ became number one

③ learned musical instruments → passed the entrance exam
→ argued with her parents → became number one
→ ran a marathon

④ learned musical instruments → passed the entrance exam
→ became number one → argued with her parents
→ ran a marathon

⑤ learned musical instruments → passed the entrance exam
→ ran a marathon → argued with her parents
→ became number one

⑥ learned musical instruments → ran a marathon
→ argued with her parents → became number one
→ passed the entrance exam

問2　Talking about Emma's family, 　19　.

① 　her father likes to watch musicals

② 　her mother is an amateur musician

③ 　her older brother is trying to become a music teacher

④ 　her parents opposed her wishes at first

問3　From this story, you learned that Emma 　20　.

① 　has already had a twenty-year career as a professional musician

② 　maintained her interest in music all through her life

③ 　received helpful information from her mother about entrance exams

④ 　wanted to be a professional marathon runner when she was a young child

解答

問1　②　問2　④　問3　③

解説

 問1　＜ここで確認！＞ 順序整理問題

「話によると，エマは成長するにつれて，次の順番でそれぞれの出来事を体験した：」 18

① 「楽器を習った→両親と口論した→マラソンを走った
→1番になった→入試に合格した」

② 「楽器を習った→両親と口論した→マラソンを走った
→入試に合格した→1番になった」

③ 「楽器を習った→入試に合格した→両親と口論した
→1番になった→マラソンを走った」

④ 「楽器を習った→入試に合格した→1番になった

64

→両親と口論した→マラソンを走った」

⑤ 「楽器を習った→入試に合格した→マラソンを走った
→両親と口論した→1番になった」

⑥ 「楽器を習った→マラソンを走った→両親と口論した
→1番になった→入試に合格した」

プロセス **1** 選択肢を確認し「簡単な」選択肢のシーンを固定

すべての選択肢が learned musical instruments でスタートするため、これは検索の必要なし。「マラソン」と「入試」がわかりやすい出来事なので、2つのシーンを固定する。マラソンは第2段落で中学時代、入試は第3段落で、これは大学入試のこと。つまり、ran a marathon → passed the entrance exam が固定できる。これを軸にする。

プロセス **2** 「簡単」以外の選択肢を順にキーワード検索➡全選択肢のシーンを特定

「両親と口論」をキーワード検索すると第2段落第1文がヒット。これで argued with her parents → ran a marathon → passed the entrance exam、さらに「ナンバーワン」を検索し、第3段落最終文（コンクールで優勝）へ。おそらく②が正解。

プロセス **3** 順序を最終チェック

口論が「マラソンより前」、ナンバーワンが「大学入学後」であることを最終チェックして、解答欄の②を鉛筆で塗りつぶす。

問2 「エマの家族について話すと、| 19 |。」

① 「父はミュージカルを見るのが好きだ」
② 「母はアマチュアの音楽家だ」
③ 「兄は音楽の先生になろうとしている」
④ 「両親は彼女の希望に最初は反対した」

1 設問文または選択肢から検索に必要なキーワードを設定

設問文は「家族」としか書かれていないので、キーワードは選択肢から設定する。①は「ミュージカル」、②は「アマチュア音楽家」、③は「音楽の先生」、そして④は「両親の反対」がキーワード候補。「父」「母」は英文全体にわたって点在しているので、各選択肢の主語よりも上記の項目をキーワードに

した方が，確認すべき範囲が狭く限定され，キーワードとして有効性が高い。

2 本文内からキーワードを検索，周辺の内容を再確認

　第1段落第2文に①の「ミュージカル」と③の「音楽の先生」（高校で音楽を教える）があり，④の「両親の反対」は第2段落第3文の My parents, however, didn't let me do that（私の両親は，しかしながら，私にそれをさせなかった）が当てはまりそうなので，この周辺の内容を確認する。②の「アマチュア音楽家」に対応する箇所は見当たらない。

3 キーワード周辺の内容と選択肢を照合

　①の「ミュージカル」は「兄」についてであり，①の「父」とは無関係なので誤り。同様に，③の「音楽の先生」は「父」についてであり，③の「兄」とは関連しないので誤り。④の「両親の反対」については，第2段落前半で，しばらくの間音楽をやめたいというエマに対して，両親は当初そうさせてくれず，音楽の練習をもっと一生懸命にするように主張したが，第2段落第4文より，最終的には受け入れてくれたことがわかる。したがって，④が正解。なお，第1段落第2文から，母は「プロの楽団でトランペットを演奏」しているとあり，アマチュアではないので，②は誤りである。

問3　「この話から，あなたはエマが ┃ 20 ┃ ということがわかった。」
① 「プロの音楽家としてすでに20年の職歴がある」
② 「生まれてからずっと音楽への興味を持ち続けていた」
③ 「母親から入試について役立つ情報をもらった」
④ 「幼い頃はプロのマラソン走者になりたかった」

1 設問文または選択肢から検索に必要なキーワードを設定

　検索キーワードは各選択肢から，①「20年」，②「ずっと興味を持ち続けていた」，③「入試」，そして④「プロのマラソン走者」に設定する。

2 本文内からキーワードを検索，周辺の内容を再確認

　①「20年」は第4段落冒頭に twenty years があり，③「入試」は第3段落第2文の to get into music college（音楽大学に入学するために）が該当しそうである。

3 キーワード周辺の内容と選択肢を照合

　第4段落の第1文から，プロのバイオリン奏者として20年働いたことにな

るのは「来月」であることがわかるので，まだ20年は経っておらず，①は誤り。③「入試」については，第3段落第2，3文で，エマが音楽大学を目指した際に，特に母親は有益な助言をしてくれたと述べられている。したがって，③が正解。④「プロのマラソン走者」はまったく述べられていないので誤り。②は，第1段落後半から第2段落に，子どもの頃に音楽は好きだったものの，親の期待をプレッシャーに感じるようになり，中学生の時に一度音楽から離れていた，と書かれていることから誤りと判断できる。

和訳

あなたはある音楽雑誌で次の話を見つけた。

音楽が私に教えてくれたこと
エマ・ミラー（バイオリン奏者）

音楽は私の家族にとって必要不可欠だ。父は高校で音楽を教え，母はプロの楽団でトランペットを演奏し，兄はミュージカル俳優として働いている。私はわずか3歳の時にピアノとバイオリンのレッスンを受け始め，朝から晩までとても一生懸命に練習した。両親は私に音楽に興味を持ってほしいと期待していたが，実を言うと，私は成長するにつれて，プレッシャーを感じるようになった。私は音楽が好きだったが，彼らの期待が高すぎると感じていた。

私が中学生だったある日，私は両親と将来の職業のことで口論した。私はその時，音楽が好きではなく，しばらくの間，それを学ぶのをやめたかったのだ。しかし，両親は私にそうさせてくれず，音楽の練習をもっと一生懸命にするように主張した。幸い，彼らは最終的には私の頼みを受け入れてくれた。その時から約3年間，私は映画を見たり，英会話を学んだり，フルマラソンに参加したりするなど，自分がしたいことをした。そうした活動はすべて，私が高校入学後に音楽のことをもっと真剣に考えるのに役立った。

高校時代，私は音楽がまた好きになり，プロのバイオリン奏者になりたいと思ったので，熱心にバイオリンの練習をした。私は音楽大学に進学するため，勉強に集中し，かつてないほど練習した。特に母は有益な助言をしてくれた。私の努力は報われ，他の大学生と一緒に音楽に打ち込んだ。私はコンクールで数回優勝できそう

れしかった。

　私は来月でプロのバイオリン奏者として 20 年働いたことになる。確かに，乗り越えるべき困難はいくつかあったし，すべてが望んだほど順調に進んだわけではなかった。しかし，日々の努力が私を今の私にしてくれたということを，私は音楽を通して学んだ。

Words & Phrases

- □ professional 形 プロの
- □ come to *do* …するようになる
- □ expectation 名 期待
- □ even though ... たとえ…（する）にしても
- □ quarrel 名 口論
- □ for a while しばらくの間
- □ insist that A（should）*do* A が…することを主張する
- □ fortunately 副 幸運にも
- □ be eager to *do* …したいと思う
- □ concentrate on 〜 〜に集中する
- □ in particular 特に
- □ pay off （努力などが）効果を上げる
- □ devote *oneself* to 〜 〜に専念する
- □ will have *done* …したことになるだろう
- □ get over 〜 〜を克服する
- □ 問1 entrance exam 入試
- □ 問2② amateur 形 アマチュアの；素人の
- □ 問2④ oppose 他 〜に反対する
- □ 問3② maintain 他 〜を維持する

■ハイスコアの核心

プロセス **1** 検索作業に入る前に必ず「探しものは何？」「どこにありそう？」を明確化

複数の読解資料や１つの文章中の複数箇所から２つ以上の解答情報を拾って照合し，すべての条件をクリアした選択肢を選ぶ問題。必要な解答情報は通常２つになる。プロセス**1**は言ってみれば「事前準備」。この問題では「探しもの」（＝複数）が何なのか，そして各「探しもの」について読解資料中「どのあたり」で述べられていたかを一度整理しておくのがポイントになる。例えば，４つの折れ線グラフから正しいものを選ぶ設問の場合，「探しもの」はタテ軸情報とヨコ軸情報の２つ。タテ軸情報は「確か第○段落にあった」，ヨコ軸については「タテ軸情報のあとに書いてあった気がする」程度で十分。読解資料全体を視野に入れ，一度「何をどこから探すか」を明確にしておくこと。**照合問題は解答作業が繁雑になりやすいため途中で作業方針を見失いがち**。この「事前準備」をすることで作業の誤進行を防ぐ高い効果が得られる。

プロセス **2** ２つ（以上の）解答情報を個別に検索，１つクリアするごとに「途中経過」を観察

タテ軸に関するキーワードを選択肢から抽出して検索，さらにヨコ軸についても同じ作業を行うことになる。通常，「探しもの」が１つ見つかると選択肢が半分程度に絞られるため，**残った選択肢を再度眺めることで「次の探しもの」がより明確になる**。照合問題を苦手とする受験生の多くは，「１つの条件はクリアできたものの，もう１つを見落とした」というケースが圧倒的に多い。**途中経過をしっかり意識する**ことで次に進む道をさらに明確化し，最後のキーワード検索に臨むことを心がけること。

プロセス **3** 再照合して解答

２つの解答情報を再度照らし合わせて解答に誤りがないことを確認する。**順序整理問題と同じく，照合問題はこの最終チェックこそが誤りを防ぐ大きな防波堤**になる。

例 題

As the student in charge of a UK school festival band competition, you are examining all of the scores and the comments from three judges to understand and explain the rankings.

Judges' final average scores				
Qualities / Band names	Performance (5.0)	Singing (5.0)	Song originality (5.0)	Total (15.0)
Green Forest	3.9	4.6	5.0	13.5
Silent Hill	4.9	4.4	4.2	13.5
Mountain Pear	3.9	4.9	4.7	13.5
Thousand Ants	(did not perform)			

Judges' individual comments	
Mr Hobbs	Silent Hill are great performers and they really seemed connected with the audience. Mountain Pear's singing was great. I loved Green Forest's original song. It was amazing!
Ms Leigh	Silent Hill gave a great performance. It was incredible how the audience responded to their music. I really think that Silent Hill will become popular! Mountain Pear have great voices, but they were not exciting on stage. Green Forest performed a fantastic new song, but I think they need to practice more.
Ms Wells	Green Forest have a new song. I loved it! I think it could be a big hit!

> **Judges' shared evaluation** (summarised by Mr Hobbs)
>
> Each band's total score is the same, but each band is very different. Ms Leigh and I agreed that performance is the most important quality for a band. Ms Wells also agreed. Therefore, first place is easily determined.
>
> To decide between second and third places, Ms Wells suggested that song originality should be more important than good singing. Ms Leigh and I agreed on this opinion.

問1 Based on the judges' final average scores, which band sang the best? ⬚6⬚

① Green Forest
② Mountain Pear
③ Silent Hill
④ Thousand Ants

問2 Which judge gave both positive and critical comments? ⬚7⬚

① Mr Hobbs
② Ms Leigh
③ Ms Wells
④ None of them

問3 One **fact** from the judges' individual comments is that ⬚8⬚ .

① all the judges praised Green Forest's song
② Green Forest need to practice more
③ Mountain Pear can sing very well
④ Silent Hill have a promising future

問4 One **opinion** from the judges' comments and shared evaluation is
that [9] .

① each evaluated band received the same total score
② Ms Wells' suggestion about originality was agreed on
③ Silent Hill really connected with the audience
④ the judges' comments determined the rankings

問5 Which of the following is the final ranking based on the judges'
shared evaluation? [10]

	1 st	2 nd	3 rd
①	Green Forest	Mountain Pear	Silent Hill
②	Green Forest	Silent Hill	Mountain Pear
③	Mountain Pear	Green Forest	Silent Hill
④	Mountain Pear	Silent Hill	Green Forest
⑤	Silent Hill	Green Forest	Mountain Pear
⑥	Silent Hill	Mountain Pear	Green Forest

■ One Point アドバイス

FO 分別問題と照合問題のミックス問題になる。それぞれに正しい手順を当てはめて作業するのは初めのうちはやや難。だからといって手順を無視して力ワザで解答しようとすると，いつまで経っても正しい手順が身につかず，難易度が上がったり，問題の見た目が変わったりしただけで対処不能になる。まずはそれぞれに時間をかけて正しい手順を当てはめ，そして手順に沿った解答が自然にできるようになるまで繰り返すこと。それもまた非常に大切な「ハイスコアへの道」だ。

解答

問1 ②　問2 ②　問3 ①　問4 ③　問5 ⑤

解説

問1 「審査員の最終平均点によれば，どのバンドが最も上手に歌いましたか。」 6

① 「Green Forest」
② 「Mountain Pear」
③ 「Silent Hill」
④ 「Thousand Ants」

「審査員の最終平均点」の表に注目。Singing（歌唱力）の項目を見ると，最も高得点なのは Mountain Pear なので，②が正解。

問2 「どの審査員が肯定的なコメントと批判的なコメントの両方を述べましたか。」 7

① 「ホッブズ氏」
② 「リー氏」
③ 「ウェルズ氏」
④ 「誰もいない」

「審査員の個別コメント」の表に注目。リー氏は Mountain Pear have great voices, but they were not exciting on stage. Green Forest performed a fantastic new song, but I think they need to practice more. (Mountain Pear は素晴らしい声ですが，舞台上で盛り上がってはいませんでした。Green Forest はすてきな新曲を披露しましたが，もっと練習が必要だと思います。) と２つのバンドについて肯定的なコメントと否定的なコメントの両方を述べているので，②が正解で，④は不適当。ホッブズ氏とウェルズ氏は肯定的なコメントしか述べていないので，①と③も不適当。

問3 ➡ FO 分別問題！

「審査員の個別のコメントからの１つの**事実**は，　8　　ということです。」

① 「すべての審査員が Green Forest の曲をほめた」

② 「Green Forest はもっと練習が必要だ」

③ 「Mountain Pear は歌をとても上手に歌える」

④ 「Silent Hill は前途有望だ」

　事実は何かを答える問題なので，個人の主観の入った意見を述べているものは不適当である。「審査員の個別コメント」を見ると，ホッブズ氏は，I loved Green Forest's original song. It was amazing! (私は Green Forest のオリジナルの曲がとても気に入りました。それは素晴らしかったです！)，リー氏は，Green Forest performed a fantastic new song (Green Forest はすてきな新曲を披露しました)，ウェルズ氏は，I think it (= Green Forest's new song) could be a big hit! (私はそれ (= Green Forest の新曲) が大ヒットするかもしれないと思います！) と全員が Green Forest の曲をほめているという事実が読み取れるので，①が正解。②と④はリー氏の主観的な意見，③はホッブズ氏とリー氏の主観的な意見なので，不適当。

問4 ➡ FO 分別問題！

「審査員の個別のコメントと共有評価からの１つの**意見**は，　9　　ということです。」

① 「評価を受けた各バンドは同じ合計点を取った」

② 「独創性に関するウェルズ氏の提案は賛同を得た」

③ 「Silent Hill は本当に観客とつながっていた」

④ 「審査員のコメントは順位を明らかにした」

意見は何かを答える問題なので，客観的な**事実**を述べているものは不適当である。「審査員の個別コメント」のホッブズ氏の欄の第1文に，Silent Hill are great performers and they really seemed connected with the audience.（Silent Hill は素晴らしいパフォーマーであり，本当に観客とつながっているように見えました。）とあり，これはホッブズ氏の主観の入った意見なので，③ が正解。「審査員の共有評価」の第1段落第1文に，Each band's total score is the same（各バンドの合計得点は同じです）とあり，これは客観的な事実なので，① は不適当。「審査員の共有評価」の第2段落に，Ms Wells suggested that song originality should be more important than good singing. Ms Leigh and I agreed on this opinion.（ウェルズ氏は曲の独創性は歌唱力よりも重要であるべきだと提案しました。リー氏と私はこの意見に賛同しました。）とあるが，賛同したことは客観的な事実なので，② も不適当。④ の「審査員のコメントは順位を明らかにした」は，「審査員のコメントにより順位がわかる」ということであり，これは客観的な事実なので，④ も不適当。

問5 ◁ここで確認！ 照合問題

「審査員の共有評価に基づく最終順位は次のうちどれですか。」 [10]

① 「（1位）Green Forest ／（2位）Mountain Pear ／（3位）Silent Hill」
② 「（1位）Green Forest ／（2位）Silent Hill ／（3位）Mountain Pear」
③ 「（1位）Mountain Pear ／（2位）Green Forest ／（3位）Silent Hill」
④ 「（1位）Mountain Pear ／（2位）Silent Hill ／（3位）Green Forest」
⑤ 「（1位）Silent Hill ／（2位）Green Forest ／（3位）Mountain Pear」
⑥ 「（1位）Silent Hill ／（2位）Mountain Pear ／（3位）Green Forest」

プロセス 1 検索作業に入る前に必ず「探しものは何？」「どこにありそう？」を明確化

最終順位を確定する問題だから，「探しもの」は順位確定のための条件で，これが複数ある。普通なら Judges' final average scores の Total を見ればいいはずだが，すべてのバンドが同点。したがって，解答情報が「ありそう」なのは結果について書かれていた Judges' shared evaluation。「探しもの」は複数の順位確定条件，「どこにありそう」は Judges' shared evaluation。これは，設問文に based on the judges' shared evaluation

とあることからもわかるが，実際に順位を確認する場合にはスコアも必要なので，Judges' final average scores の Total 以外も参照する必要がある。

プロセス ❷ 　2つ（以上の）解答情報を個別に検索，１つクリアするごとに「途中経過」を観察

Judges' shared evaluation の第１段落第２文に performance is the most important quality とあり，これが順位確定の主条件になることを確認。Judges' final average scores と照らし合わせて１位は Silent Hill が確定，正解が ⑤ か ⑥ に一気に絞られる。他の２組のバンドは performance が同点であることから，残る「探しもの」は「同点の場合の条件」になり，「ありそう」なのは同じく Judges' shared evaluation。

プロセス ❸ 　再照合して解答

Judges' shared evaluation 第２段落第１文に song originality should be more important than good singing とあることから，どうやらこれが決め手であると判断できる。再び Judges' average scores を照らし合わせて，5.0 対 4.7 で Green Forest の勝ち，正解が ⑤ に決まる。再度チェックして解答する。

| 和訳 |

あなたはイギリスの学園祭のバンドコンテストを担当する学生として，順位を理解し，説明するために，３人の審査員の得点とコメントをすべて精査しています。

審査員の最終平均点				
資質 バンド名	パフォーマンス (5.0)	歌唱力 (5.0)	曲の独創性 (5.0)	合計 (15.0)
Green Forest	3.9	4.6	5.0	13.5
Silent Hill	4.9	4.4	4.2	13.5
Mountain Pear	3.9	4.9	4.7	13.5
Thousand Ants	(出演せず)			

審査員の個別コメント	
ホッブズ氏	Silent Hill は優れたパフォーマーであり，本当に観客とつながっているように見えました。Mountain Pear の歌唱力は見事でしたです。私は，Green Forest のオリジナルの曲がとても気に入りました。それは素晴らしかったです！
リー氏	Silent Hill は優れたパフォーマンスをしました。観客の彼らの音楽への反応は信じられないほどでした。私は本当に Silent Hill は人気が出ると思います！　Mountain Pear は素晴らしい声ですが，舞台上で盛り上がってはいませんでした。Green Forest はすてきな新曲を披露しましたが，もっと練習が必要だと思います。
ウェルズ氏	Green Forest は新曲を出しました。私はとても気に入りました！　私はそれが大ヒットするかもしれないと思います！

審査員の共有評価（ホッブズ氏による要約）

　各バンドの合計得点は同じですが，それぞれのバンドはとても異なっています。リー氏と私はパフォーマンスがバンドの最も重要な資質であると意見が一致しました。ウェルズ氏も賛同しました。それゆえに，優勝は簡単に決定できます。
　2位と3位を決めるにあたり，ウェルズ氏は曲の独創性は歌唱力よりも重要であるべきだと提案しました。リー氏と私はこの意見に賛同しました。

Words & Phrases

□ in charge of ～　～を担当して
□ competition　名　コンテスト
□ examine ～　他　～を調査する
□ judge　名　審査員
□ individual　形　個人の
□ audience　名　観客
□ incredible　形　信じられないくらい素晴らしい

□ shared　形 共通の

□ evaluation　名 評価

□ determine　他 〜を決める；〜を明らかにする

□ **問2**　positive　形 肯定的な

□ **問2**　critical　形 批判的な

□ **問3 ①**　praise 〜　他 〜をほめる

□ **問3 ④**　promising　形 将来有望な

You are hoping to study at a British university and you are interested in taking evening classes. You are reading some information about the free language classes that the university offers.

Languages for Everyone

2024 Handout

Student Registration is OPEN NOW!

* Your student ID card is required to register for a course.

Level and Type of Course
This programme offers twenty different languages for all levels and abilities. In addition to European languages, we offer Mandarin Chinese, Japanese, Hindi, Urdu and Malaysian. With the exception of Irish Gaelic for Beginners, all courses offer beginner, intermediate and advanced classes. Students are limited to one language per year and may either level up or choose another language after their course is completed.

Learning Methods
Most classes are held on-site, and we expect students to attend at least 80% of classes (students that attend half or fewer classes will be asked to leave). Around one quarter of the courses are offered online (as the teachers are not local). Even for classroom lessons, students are required to bring a PC and earphones as many materials and all tests are Internet-based.

Language Partners and Events
Most of the courses are run by our overseas students. You will have many chances to talk with native-speakers, and several popular social events are held each year. We believe that language learning is a cultural experience, and we encourage all learners to attend the festivals and holiday celebrations that are enjoyed by their chosen language communities.

Comments from previous learners
● I made it from beginner to intermediate in Spanish in just one year. Loved the Spanish wine tasting event.

● I won't lie, it was tough to learn an Asian language (I took Japanese). However, all the other students were also beginners. The teacher was great, but the textbook was boring. I'm glad I did it as it looks great on my resume.

● I took an online class in Danish. It was cool that my teacher was actually teaching from Denmark, but with the online format, it's difficult to ask questions.

● We had some class quizzes, but you need to do the online tests set by the university. So, you do have to study. But we had some amazing parties and I made a lot of new friends.

問1　Two things that are stated about the Languages for Everyone programme are that ▢ 6 ▢.

A : more than half the classes are held at the university

B : most courses are managed by teachers

C : some of the courses do not have tests

D : students need to bring a PC even for face-to-face classes

E : they focus most strongly on Asian languages

① 　A and B

② 　A and C

③ 　A and D

④ 　B and D

⑤ 　C and D

⑥ 　C and E

問2 Students who miss [7] or more of the classes in their course will not be able to continue.

① fifty percent
② ten percent
③ twenty percent
④ twenty-five percent

問3 The people in charge of the programme [8] cultural events.

① ask teachers to hold many
② design some tests about
③ pay native-speakers to attend
④ recommend learners to join

問4 If you begin to study in the Languages for Everyone programme, you may have a chance to [9] .

① change to another course within one year if the class is too difficult
② meet people who are fluent speakers of the language you are learning
③ study abroad if your teacher is not based at the university
④ take an advanced class in any of the languages they offer

問5 One **fact** stated by a previous learner on the programme is that [10] .

① asking questions online is difficult
② students can learn one of twenty different languages
③ taking the course will not make your resume better
④ the teacher of the Danish language course was not on this campus

■ One Point アドバイス

小問集合で出題されるもう1つのタイプが，複数の選択肢を正解に選ぶ**照合問題**。この場合，各選択肢のキーワード検索ということになるので厳密には照合ではないが，1つの読解資料から複数箇所の内容を1つの設問の解答として指摘するため，分類としては照合問題に含まれる。

解答

問1 ③　問2 ①　問3 ④　問4 ②　問5 ④

解説

問1　◁ ここで確認！ 照合問題

「みんなの語学プログラムについて述べられている2つのことは 6 である。」

A「半分以上のクラスが大学で行われていること」

B「ほとんどのコースは教師によって運営されていること」

C「テストがないコースがあること」

D「学生は対面授業にもパソコンを持ってくる必要があること」

E「アジアの言語にもっとも強く重点的に取り組んでいること」

① 「AとB」　　② 「AとC」　　③ 「AとD」
④ 「BとD」　　⑤ 「CとD」　　⑥ 「CとE」

プロセス 1　検索作業に入る前に必ず「探しものは何？」「どこにありそう？」を明確化

「探しもの」は各選択肢のキーワード。Aからは more than half the classes ＝クラス数に関する表現，Bからは managed by teachers，Cはもちろん tests，DはPC，Eは Asian languages が妥当。「ありそう」な箇所の判断が1つのポイントになる。資料の見た目からはわからないため，Aから順に検索するのではなく，読解の記憶を手繰って「あの辺にあったはず」のもの，つまり自分で検索しやすいものから順に検索する。

プロセス 2　2つ（以上の）解答情報を個別に検索，1つクリアするごとに「途中経過」を観察

Learning Methods にクラス数についての記述があったことからAから検索。第2文に Around one quarter of the courses are offered online とあることから，4分の3が大学で行われていると判断できるため，Aは正しいということになる。まずは1つクリア。続いて PC を検索。同じ Learning Methods 第3文に Even for classroom lessons, students are required to bring a PC とあり，これも一致。これで正解が③に決まる。数や大文字の語句は検索しやすい。

プロセス ❸ 再照合して解答

このタイプの照合問題では，解答条件（＝一致するものを2つ選ぶ）が満たされればそれ以上の作業は必要ない。「念のため他の選択肢も…」は時間をムダにするので，AとDの一致を再確認して解答を終了する。

問2 「自分のコースの授業を ☐7☐ 以上欠席した学生は，継続できない。」

① 「50 パーセント」

② 「10 パーセント」

③ 「20 パーセント」

④ 「25 パーセント」

Learning Methods 第1文に students that attend half or fewer classes will be asked to leave（半分以下しか出席していない学生はクラスをやめることを求められます）とある。つまり，50 パーセント以上の欠席で継続できないので①が正解。

問3 「プログラムを担当している人は，文化的なイベント ☐8☐ 。」

① 「をたくさん開催するように教師に頼む」

② 「についてのテストを考案する」

③ 「に出席するようネイティブスピーカーにお金を払う」

④ 「に参加するように学習者に勧める」

「文化的なイベント」に関する記述は Language Partners and Events 第3文の we encourage all learners to attend the festivals and holiday celebrations that are enjoyed by their chosen language communities（すべての学習者が選択した言語が使われている地域社会で楽しまれているお祭りや

休日のお祝いに参加するように勧めます）である。資料を書いた担当者は，学習者が文化的なイベントに参加するよう勧めているのだから，④が正解。①，②，③についての記述は本文中にない。

問4 「みんなの語学プログラムで学習し始めると，　　9　　機会が持てるかもしれない。」
① 「授業が難しすぎれば，1年以内に別のコースに変更する」
② 「学習している言語の流ちょうな話者に会う」
③ 「教師が大学にいないなら，外国で勉強する」
④ 「提供するどの言語でも上級クラスを受講する」

　　Language Partners and Events 第 2 文 You will have many chances to talk with native-speakers（ネイティブスピーカーと話す機会が多い）の native-speakers を fluent speakers（流ちょうな話者）と言い換え，同じ内容を書いた②が正解。

　　Level and Type of Course 第 4 文に Students are limited to one language per year and may either level up or choose another language after their course is completed.（学生は 1 年に 1 言語に制限されますが，コース完了後にレベルアップするか，他の言語を選択することができます。）とあり，コースを完了しないで別コースに変更することはできないので，①は不正解。**Learning Methods** 第 2 文に Around one quarter of the courses are offered online (as the teachers are not local).（（教師が地元にいないため）約 4 分の 1 のコースはオンラインで提供されています。）とあるが，外国で勉強するという記述はないので③は不正解。**Level and Type of Course** 第 3 文に With the exception of Irish Gaelic for Beginners, all courses offer beginner, intermediate and advanced classes.（初心者向けアイルランド・ゲーリック語を除き，すべてのコースで初級，中級，上級のクラスを提供します。）とあることから，上級クラスがないコースもあると判断し，④は不正解。

問 5 ➡ FO 分別問題！

「このプログラムの過去の学習者が述べた**事実**は 10 ということである。」

① 「オンラインで質問をするのは難しい」

② 「学生は 20 種類の異なる言語から 1 つ学ぶことができる」

③ 「コースを受講することは履歴書をよくするわけではない」

④ 「デンマーク語コースの教師はこのキャンパスにいない」

Comments from previous learners の項で述べられている「**事実**」は何かを答える問題。他の部分に書かれていることや，個人の主観の入った「意見」を述べているものは不適当である。3 つ目のコメントに I took an online class in Danish. It was cool that my teacher was actually teaching from Denmark（デンマーク語のオンライン授業をとりました。先生が実際にデンマークから教えているのは格好よかった）とあり，デンマーク語の講師が，英国の大学内にいなかったという「事実」がわかる。したがって，④が正解。

①は 3 つ目のコメントに書かれた，生徒の主観に基づく感想なので不正解。②はコメントではなく **Level and Type of Course** に書かれた事実なので不正解。また，「履歴書に書くのによい」という感想は 2 つ目のコメントにあるが，③の内容は書かれていないので，これも不正解。

和訳

　あなたは英国の大学で勉強したいと思い，夜間クラスの受講に興味があります。あなたはその大学が提供している無料の語学クラスについての情報を読んでいます。

みんなの語学

2024 年資料

学生登録は現在受付中！

＊コースに登録するには学生証が必要です。

コースのレベルと種類

このプログラムでは，あらゆるレベルと能力に対応する 20 の異なる言語を提供しています。 ヨーロッパの言語に加え，標準中国語，日本語，ヒンディー語，ウルドゥー語，マレーシア語があります。 初心者向けアイルランド・ゲーリック語を除き，すべてのコースで初級，中級，上級のクラスを提供します。学生は 1 年に 1 言語に制限されますが，コース完了後にレベルアップするか，他の言語を選択することができます。

学習方法

ほとんどのクラスは施設内で行われ，学生には授業の少なくとも 80％に出席することが求められます（半分以下しか出席していない学生はクラスをやめることを求められます）。（教師が地元にいないため）約 4 分の 1 のコースはオンラインで提供されています。教室での授業でも，多くの教材とすべてのテストがインターネットを使って行われるため，学生はパソコンとイヤホンを持参することが求められます。

言語パートナーとイベント

ほとんどのコースは，当校の外国人留学生によって運営されています。ネイティブスピーカーと話す機会が多くあり，人気がある交流イベントが毎年数回開催されています。語学学習は文化的な体験であると考えており，すべての学習者が，選択した言語が使われている地域社会で楽しまれているお祭りや休日のお祝いに参加するように勧めます。

過去の学習者のコメント

●たった 1 年でスペイン語の初級から中級になれました。スペインワインの試飲イベントが大好きでした。

●嘘ではありません，アジアの言語（日本語をとりました）を学ぶのはきつかったです。しかし，他の生徒もみんな初心者でした。先生は素晴らしかったけれど，教科書は退屈でした。 履歴書に書くと格好よく見えるので，やってよかったです。

●デンマーク語のオンライン授業をとりました。先生が実際にデンマークから教えているのは格好よかったですが，オンライン形式では質問するのが難しかったです。

●いくつか授業の小テストがありましたが，大学が設定したオンラインテストを受ける必要があります。だから，本当に勉強しなくてはなりません。しかし，素晴らしいパーティーもあり，新しい友達がたくさんできました。

Words & Phrases

- [ ] handout 名 資料
- [ ] in addition to ～ ～に加えて
- [ ] with the exception of ～ ～を除いて
- [ ] overseas student 名 外国人留学生
- [ ] community 名 地域社会
- [ ] tough 形 つらい，きつい
- [ ] resume 名 履歴書
- [ ] 問1 focus on ～ ～に重点を置く
- [ ] 問4 ② fluent 形 流ちょうな

Section 2 | 第4・5問　総合問題①

■セクションの概要

　第４・５問は本格的な長さを持つ長文読解問題であり，**第４問が日常生活文総合読解問題，第５問が物語文総合読解問題**になります。問題文の種類ならびに設問形式は毎年ほぼ固定され，いわゆる**「新傾向」を警戒する必要はありません**。前半・後半を２回に分けて読む分量の文章に，小問集合（Section 1）で問われた一般型設問と共テ型設問を同時に出題する問題設計です。素早い内容把握と素早くかつ安定した解答作業が要求されます。

□本文

　第４問はレポートや広告など日常生活で触れる内容の文章が２つ並び，第５問は人物の生涯や出来事の説明など物語形式で進行する文章。本文自体の難易度は，文構造・語彙とも高くはないものの，長さがあるだけに印象としての難易度は高いものが多い。

□設問

　一般型設問＝〈キーワード検索〉をベースに，一部に共テ型設問が加わる。**第４問では照合問題，第５問では順序整理問題が中心**と考えてよい。この両者が全体の正解率のカギを握る。

□手順

　「前半・後半と２分割して読む」が基本。

□解答時間

　各12分で２問合計25分が目安。ただし，実際には第４問にやや時間がかかることが多く，**第４問を最大15分，第５問を目標10分＋α**と考えておくといいだろう。

□注意点

　ハイスコア獲得を目指す受験生にとってこのセクションが大きなカギとなっている。「時間との戦い」はどのセクションも同じだが，**長い本文に現れる情報を正しく照合あるいは配列させる**必要がある。最も焦りがミスにつながりやすいセクションと言えるので，十分な対策が必要である。

■ハイスコア獲得の演習法

初期の対策は，本文よりも**設問の「形式ごとの作業手順を安定させる」こ**
とに意識を向けて進めたい。したがって，1問ごとにある程度時間をかけ
て作業しながら，1つひとつの設問をキーワード検索ならそのプロセス
を，照合問題なら「どことどこをどう照らし合わせて解くか」を，順序整
理なら各選択肢のシーンを明らかにすること。**「なんとなくこれが正解」**
を完全に排除すること。次に，設問の確認を十分に終えてから，**前半・後**
半それぞれを3分で読むトレーニングを繰り返そう。ここまでやって初
めて「十分な対策」となり，総合読解問題の作業能力を大きく高めること
が可能になる。

例題

You are doing research on students' reading habits. You found two articles.

Reading Habits Among Students   by David Moore

July, 2010

Reading for pleasure is reading just for fun rather than for your school assignment or work. There is strong evidence linking reading for enjoyment and educational outcomes. Research has shown that students who read daily for pleasure perform better on tests than those who do not. Researchers have also found that reading for fun, even a little every day, is actually more beneficial than just spending many hours reading for studying and gathering information. Furthermore, frequent reading for fun, regardless of whether reading paper or digital books, is strongly related with improvements in literacy.

According to an international study, in 2009, two-thirds of 15-year-old students read for enjoyment on a daily basis. The graph shows the percentage of students who read for enjoyment in six countries. Reading habits differed across the countries, and there was a significant gender gap in reading in some countries.

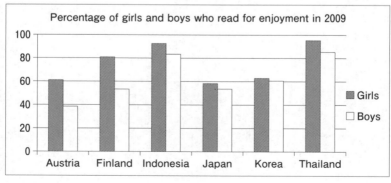

In many countries, the percentage of students who read for enjoyment daily had decreased since the previous study in 2000. Back in 2000, on average, 77% of girls and 60% of boys read for enjoyment. By 2009, these percentages had dropped to 74% and 54%, respectively.

In my opinion, many students today do not know what books they should read. They say that they have no favorite genres or series. That's why the percentage of students who read for pleasure daily has been decreasing. Parents and teachers should help students find interesting books in order to make reading for pleasure a daily routine.

Opinion on "Reading Habits Among Students"   **by Y. T.**

August, 2010

As a school librarian, I have worked in many different countries. I was a little sad to learn that fewer students around the world read for enjoyment daily than before. According to David Moore's article, approximately 60% of female students in my home country reported they read for enjoyment, and the gender gap is about 20%. I find this disappointing.

More students need to know the benefits of reading. As David Moore mentioned, reading for pleasure has good effects on students' academic skills. Students who regularly read many books get better scores in reading, mathematics, and logical problem solving. Also, reading for enjoyment has positive effects on students' mental health. Research has shown a strong relationship between reading for fun regularly and lower levels of stress and depression.

Regardless of these benefits, students generally do not spend enough time reading. Our daily lives are now filled with screen-based entertainment. Students spend a lot of time playing video games, using social media, and watching television. I think students should reduce their time in front of screens and should read books every day even for a short time. Forming a reading habit in childhood is said to be associated with later reading proficiency. School libraries are good places for students to find numerous resources.

問1 Neither David Moore nor the librarian mentions [21].

   ① gender differences in reading habits
   ② problems connected with reading digital books
   ③ the change in reading habits among students
   ④ the importance of reading regularly in childhood

問2 The librarian is from [22].

   ① Austria
   ② Finland
   ③ Japan
   ④ Korea

問3 According to the articles, reading for pleasure has good effects on students' [23]. (You may choose more than one option.)

   ① choice of career
   ② educational success
   ③ mental well-being
   ④ views of social media

問4 David Moore states that students 　24　 , and the librarian states that they 　25　 . (Choose a different option for each box.)

① are busier than ever before
② cannot decide what books to read
③ choose similar books as their parents
④ enjoy playing with electronic devices
⑤ get useful information from TV

問5 Based on the information from both articles, you are going to write a report for homework. The best title for your report would be " 　26　 ."

① Like It or Not, Reading Classic Novels is Important
② Make Reading for Entertainment a Part of Your Daily Life
③ Pleasure Reading is Becoming Popular in Different Countries
④ School Libraries: Great Resources for Doing School Projects

■ One Point アドバイス

問2が典型的な照合問題。解答プロセスをしっかり理解しよう。他はキーワード検索だが，**第4問では設問ごとに選択肢のキーワードを1つひとつ検索する必要がある。**この例題は練習素材として最適である。

解答

問1 ②　問2 ①　問3 ②-③　問4 24 ② 25 ④　問5 ②

解説

問1 「デイビッド・ムーアも司書も 　21　 について言及していない。」
① 「読書習慣における男女差」
② 「デジタルブックを読むことに関連する問題」

③ 「生徒の読書習慣の変化」

④ 「子供時代の定期的な読書の重要性」

前半（David Moore）読了時の解答検索

① 第 2 段落第 3 文：there was a significant gender gap in reading in some countries　➡ ① は不正解。

③ 第 3 段落：In many countries, the percentage of students who read for enjoyment daily had decreased since the previous study in 2000. Back in 2000, on average, 77% of girls and 60% of boys read for enjoyment. By 2009, these percentages had dropped to 74% and 54%, respectively.　➡ ③ は不正解。

④ 第 1 段落第 2 文：There is strong evidence linking reading for enjoyment and educational outcomes.　➡ ④ は不正解。

前半の検索作業のみで正解が ② に決まる。

後半（Y.T.）　＊作業の必要なし！

① 第 1 段落第 3 文：According to David Moore's article, approximately 60% of female students ..., and the gender gap is about 20%.

③ 第 1 段落第 2 文：I was a little sad to learn that fewer students around the world read for enjoyment daily than before.

④ 第 2 段落第 2 文：As David Moore mentioned, reading for pleasure has good effects on students' academic skills.

第 2 段落第 4 文：Also, reading for enjoyment has positive effects on students' mental health.

 問 2　➡ 照合問題！

「司書は　 22 　出身だ。」

① 「オーストリア」

② 「フィンランド」

③ 「日本」

④ 「韓国」

前半（David Moore）読了時の解答検索

▼ 出身国を問う設問のため，「国」についてどこで言及されているかをチェックしておく。グラフ。

後半（Y.T.）読了時の解答検索

▼ 第1段落第1文に As a school librarian とあり，この筆者の出身国情報は第1段落第3文の According to David Moore's article, approximately 60% of female students in my home country reported they read for enjoyment, and the gender gap is about 20%. にある。

照合

　1つ目の記事のグラフから，女子生徒の60%が読書を楽しみ，男女差が20%ある国は「オーストリア」。① が正解。

問3　「記事によると，楽しむ読書は生徒の | 23 | によい影響を及ぼす。」（複数選択可。）

① 「職業選択」
② 「教育上の成功」
③ 「心の健康」
④ 「ソーシャルメディアの見方」

前半（David Moore）読了時の解答検索

▼ ①該当なし。
　②第1段落第2文：There is strong evidence linking reading for enjoyment and educational outcomes. ➡正解。
▼ ③該当なし。
　④該当なし。

後半（Y.T.）読了時の解答検索

　①該当なし。
　②検索の必要なし。第2段落第2文：As David Moore mentioned, reading for pleasure has good effects on students' academic skills.
　③第2段落第4文：Also, reading for enjoyment has positive effects on students' mental health. ➡正解。

④ 第3段落第3文：Students spend a lot of time playing video games, using social media, and watching television. とあるものの，読書が「ソーシャルメディアの見方」に与えるよい影響については述べられていない。 ➡不正解。

以上2回の検索から，正解は②と③。

問4 「デイビッド・ムーアは生徒が　24　と述べ，司書は彼らが　25　と述べている。」（それぞれの空欄に異なる選択肢を選びなさい。）

① 「かつてないほど忙しい」
② 「どの本を読むか決められない」
③ 「親たちが選ぶのと似た本を選ぶ」
④ 「電子機器で遊ぶことを楽しむ」
⑤ 「テレビから役立つ情報を得る」

前半（David Moore）読了時の解答検索

第4段落第1文：many students today do not know what books they should read とある。　24　は②が正解。

後半（Y.T.）読了時の解答検索

第3段落第3文：Students spend a lot of time playing video games, using social media, and watching television. とある。　25　は④が正解。

問5 「両方の記事の情報に基づいて，あなたは宿題でレポートを書く予定である。あなたのレポートに最適なタイトルは『　26　』だ。」

① 「好き嫌いにかかわらず，名作の小説を読むことは重要だ」
② 「楽しみのための読書を日常生活の一部にしよう」
③ 「楽しむ読書はさまざまな国で人気が高まっている」
④ 「学校図書館：学校の課題を行うための偉大な資源」

タイトル選択問題。この形式の設問が出題される場合，必ず最後の設問になるので，**解答作業も最後に残しておく**。他のすべての設問に解答したあと，あらためてすべての設問の設問文＋正解の内容を確認した時点で「本文のテーマ」が把握でき，それがそのままタイトルになることから解答は容易である。**問3**

から，両方の記事とも「楽しむ読書を日常的に行うこと」を勧めているので，②がタイトルとしては最適。正解は②。

和訳

あなたは生徒の読書習慣について調査している。あなたは2つの記事を見つけた。

生徒の読書習慣　　　　　　　　　　　　　　　デイビッド・ムーア著
2010年7月

　楽しむ読書は，学校の宿題や勉強のためよりもむしろただ楽しむために本を読むことだ。楽しむ読書を，教育成果に結び付ける強い証拠がある。日常的に読書を楽しむ生徒は，そうでない生徒よりも，テストでよりよい結果を出すと研究が示している。研究者はまた，ただ勉強や情報収集のための読書に長時間を費やすよりも，毎日，たとえ少しの時間であっても読書を楽しむことが，実はより有益であることを発見した。さらに，頻繁に楽しむ読書をすることは，それが紙媒体かデジタル媒体かにかかわらず，識字能力（リテラシー）の向上と強く関連がある。

　2009年の国際調査によると，15歳の生徒の3分の2は楽しむ読書を日常的に行っている。グラフは，6カ国での楽しむ読書をする生徒の割合を示している。読書習慣は国によって異なり，読書について著しい男女差がある国もあった。

(グラフ　省略)

　多くの国では，楽しむ読書を日常的にする生徒の割合は，前回の2000年の調査から減少していた。2000年の調査を振り返ると，平均77%の女子と60%の男子が楽しむ読書をしていた。2009年までに，これらの割合はおのおの74%と54%まで下落した。

　私の意見としては，今日の多くの生徒はどんな本を読むべきかがわからないのだ。彼らは気に入ったジャンルやシリーズがないのだと言う。そういうわけで，楽しむ読書を日常的に行う生徒の割合は減り続けている。親や教師は，楽しむ読書を習慣にするために，生徒が興味のある本を見つける手助けをすべきである。

「生徒の読書習慣」についての意見　　　　　　　　　　　　　Y.T. 記

2010 年 8 月

　私は，学校司書としてたくさんのさまざまな国で働いてきた。私は，楽しむ読書を日常的にする生徒が世界中で以前よりも減っていることを知って少し悲しくなった。デイビッド・ムーアの記事によると，私の国のおよそ 60％の女子生徒が楽しむ読書をし，男女差はおよそ 20％であるとのことだ。私はこれにがっかりした。

　もっと多くの生徒が読書の利点を知る必要がある。デイビッド・ムーアが指摘したように，楽しむ読書をすることは生徒の学力によい影響を与える。定期的にたくさんの本を読む生徒は，読解，数学，そして論理的な問題解決における得点がよりよくなる。また，楽しむ読書をすることは，生徒の心の健康によりよい影響を与える。定期的に楽しむ読書をすることと，ストレスと気分の落ち込みの程度がより低いこととの間には，強い関係があることを調査は示している。

　これらの利点にもかかわらず，一般的に生徒は十分な時間を読書に費やさない。私たちの日常生活は，今やスクリーンを使った娯楽にあふれている。生徒たちはテレビゲームをすることや，ソーシャルメディアを使うことや，テレビを見ることにたくさんの時間を費やしている。私は，生徒はスクリーンの前で過ごす時間を減らして，毎日，短時間であっても読書をするべきだと思う。子供時代に読書習慣をつけることは，のちの読解力と関係があると言われている。学校図書館は生徒にとって，数多くの資源を見つけるためのよい場所なのだ。

Words & Phrases

- [ ] research　图 調査
- [ ] habit　图 習慣
- [ ] pleasure　图 楽しみ
- [ ] A rather than B　B よりもむしろ A
- [ ] evidence　图 証拠
- [ ] outcome　图 成果；結果
- [ ] beneficial　形 利益がある　＞ benefit　图 利益
- [ ] furthermore　副 さらに
- [ ] regardless of 〜　〜にかかわらず
- [ ] whether A or B　A か B か

☐ improvement　名 向上

☐ according to 〜　〜によると

☐ two-thirds　名 3分の2

☐ on 〜 basis　〜基準で

☐ gender　名 性別

☐ previous　形 以前の

☐ respectively　副 それぞれ；おのおの

☐ help A *do*　A が…する手助けをする

☐ librarian　名 司書；図書館員

☐ approximately　副 およそ；約

☐ female　形 女性の

☐ disappointing　形 がっかりするような

☐ mention　他（〜に）言及する

☐ have 〜 effects on ...　…に〜な影響を及ぼす

☐ be filled with 〜　〜でいっぱいの

☐ be associated with 〜　〜と関係がある

☐ numerous　形 数多くの

You are entering university in the next academic year and you are also hoping to get a part-time job to help to pay for your studies. You find the following postings on the university student forum.

Part-time job options for new students

Posted by Megan on July 21, 2023

The most popular part-time jobs at this college, based on a student survey, are outlined below. New students may rank these jobs in terms of how much money they can make. However, the hourly wage is not the only factor to consider.

Job	Hourly Wage	Typical working hours	Extras/benefits
Fast food	$9~11	4 ~ 10 hours per shift	Free meal every 4 hours of work
Food delivery (bicycle/ motorcycle)	$12~15	Anything over 3 hours, work when you want	Tips
Tutoring	$10~20 +	Usually 2 hour slots	Depends on the family (can be done online)
Waiter/Waitress (restaurant)	$7.25 +	3 ~ 10 hours per shift	Tips

First of all, students should balance their working hours with their studies. If a job pays more, but it takes more time to travel there, it may work out to be less attractive. Students may also want to consider some of the benefits (and costs). Tips sound great, but these may not be reliable (and in the case of a restaurant, the value of tips may be taken from your wage). There are also benefits such as free meals, or costs such as providing your own transport or clothing. Some jobs are also physically or mentally demanding. Basically, you need to think carefully before you decide.

How do you rate your part-time job?

Posted by the Student Union on June 27, 2023

"What is the best part-time job for me?" Here at the Student Union, we often get asked this question. We interviewed four students about their experiences.

Name	Job	Experience
Amy	Sally's Cafe	I work Saturdays and Sundays (4 hours each day). It's pretty tiring as these are busy days, but the tips can be good (especially in the holidays). We usually get good tips, though the wages are not so high.
Ji-Soo	Math Tutor	I teach three different high school kids. Two of the families are great (one even makes dinner for me). But one family often cancels, and I get paid nothing then.
Freddy	Freelance Delivery	I do cycle deliveries through an app. Actually, most of my deliveries are to the college, so I don't have to go too far. But students don't pay tips!!! The job is hard in the rain, and you have to provide your own bike, but if you cycle fast, you can make a lot!

| Mo | Yum Burger | I guess it's the same as any other burger shop. I work in the kitchen, which is easier. I don't have to deal with difficult guests. I work the maximum hours for students (10 hours). Free food sounds good, but I'm kind of sick of burgers. |

問 1　According to Megan's post, ｜ 24 ｜ .

① popular part-time jobs are very scarce

② students should consider many different points

③ the hourly wage is the most important thing

④ you should try to work near a station

問 2　One of the students from the Student Union interview stated that ｜ 25 ｜ .

① free food is the most appealing point

② they are only allowed to work 8 hours per week

③ they don't get money when work is cancelled

④ transportation is provided by the business

問 3　Both Megan and one student interviewed by the Student Union said that ｜ 26 ｜ .

① a business may pay less if you earn tips

② tips are usually paid on holidays

③ tips can be used to buy food where you work

④ when people order food, they almost always tip

問4 If you want to earn more money by working hard, you should work ⬚27⬚ .

① as a delivery driver
② as a kitchen assistant
③ as a private tutor
④ as a waiter/waitress

問5 You have decided to apply for a job as ⬚28⬚ because you prefer not to work with customers. You have also decided to apply for a job as ⬚29⬚ because you want a high hourly wage. (Choose one for each box from options ①～④ .)

① a freelance delivery rider
② a kitchen assistant
③ a part-time waiter
④ a tutor

■ One Point アドバイス

例題同様，**キーワード検索**が並ぶ中に，**照合問題が問3**に１問入っている。例題のものとは異なり**両者から共通情報を拾わせるタイプ**で，こちらの方が難易度はやや低い。

解答

問1 ②   問2 ③   問3 ①   問4 ①   問5 ⬚28⬚ ②   ⬚29⬚ ④

解説

問1 「メーガンの投稿によると，⬚24⬚ 。」
① 「人気のあるアルバイトは非常に少ない」

② 「学生はさまざまな点を考慮するべきだ」
③ 「時給が最も重要なことだ」
④ 「駅の近くで働こうとするべきだ」

前半（Megan）読了時の解答検索

Megan は第 1 段落第 3 文で However, the hourly wage is not the only factor to consider. と述べ，さらに第 2 段落で「考慮すべき要素」の具体例を複数挙げている。これを「さまざまな点を考慮するべき」と言い換えた②が正解。③は第 1 段落第 3 文の内容に反するので不正解。①と④については述べられていない。

問2 「学生自治会のインタビューに答えた学生の 1 人は │ 25 │ と述べている。」
① 「無料の食事が最も魅力的なポイントだ」
② 「週 8 時間しか働くことが許可されていない」
③ 「仕事がキャンセルされるとお金をもらえない」
④ 「交通手段は企業によって提供される」

後半（the Student Union）読了時の解答検索

Ji-Soo が But one family often cancels, and I get paid nothing then. と答えていることから③が正解。
（その他の選択肢のキーワードに該当する部分）

① Mo が Free food sounds good, but I'm kind of sick of burgers. と答えているため不正解。
② Mo が I work the maximum hours for students (10 hours). と答えているため不正解。
④ Freddy が you have to provide your own bike と述べているため不正解。

 問3 ➡照合問題！

「メーガンと学生自治会にインタビューされた学生は両方とも，│ 26 │と述べている。」
① 「チップでお金を得ていると，企業が支払いを少なくすることがある」

② 「チップは通常，休日に支払われる」

③ 「チップは勤務場所で食べ物を買うために使うことができる」

④ 「人々が料理を注文する時，ほとんどいつもチップを払う」

前半（Megan）読了時の解答検索

第2段落第4文：in the case of a restaurant, the value of tips may be taken from your wage.

後半（the Student Union）読了時の解答検索

Amy：We usually get good tips, though the wages are not so high.

照合

2つに共通するのが「チップをもらえるけれども，賃金が安い」こと。①が正解。

問4 「一生懸命働いてもっとお金を稼ぎたいなら， 27 働くべきだ。」

① 「配達の運転手として」

② 「キッチンの助手として」

③ 「家庭教師として」

④ 「ウェイター / ウェイトレスとして」

前半（Megan）読了時の解答検索

Megan が載せた表を見ると，時給が比較的よいのはフードデリバリーと家庭教師である。①と③に絞る。

後半（the Student Union）読了時の解答検索

Freddy が if you cycle fast, you can make a lot! と答えている。したがって，正解は①。

問5 「あなたは，お客さんと接する仕事をしたくないので， 28 の仕事に応募することにした。また，高い時給を得たいので 29 の仕事に応募することにした。」（選択肢①～④からそれぞれに1つ選びなさい。）

① 「自由契約の配達運転手」

② 「キッチン助手」

③ 「アルバイトのウェイター」

④ 「家庭教師」

前半（Megan）読了時の解答検索

▼ | 29 | は Megan が載せた表から，時給が最も高い④ a tutor が正解。

後半（the Student Union）読了時の解答検索

| 28 | は Mo が I work in the kitchen, which is easier. I don't have to deal with difficult guests. と答えていることから，② a kitchen assistant が正解。

和訳

　あなたは来年度大学に入学予定で，学費を払う足しになるようにアルバイトをしたいとも考えています。大学生フォーラムで次のような投稿を見つけました。

新入生のアルバイトの選択肢

投稿者：メーガン　2023 年 7 月 21 日

　学生の調査に基づいた，この大学で最も人気のあるアルバイトの概要は下記の通りです。新入生は，お金をいくら稼げるかという観点で，これらの仕事に順位をつけるかもしれません。しかし，時給だけが考慮すべき要素ではありません。

職業	時給	通常の労働時間	追加 / メリット
ファーストフード	9～11 ドル	シフトごとに 4～10 時間	4 時間労働ごとに無料の食事付き
フードデリバリー（自転車 / バイク）	12～15 ドル	3 時間以上ならば何時間でも，働きたい時に働く	チップ
家庭教師	10～20 ドル以上	通常 2 時間枠	家庭による（オンラインでも可）
ウェイター/ウェイトレス（レストラン）	7.25 ドル以上	シフトごとに 3～10 時間	チップ

まず，学生は仕事時間と勉強のバランスをとるべきです。仕事の給料がより高くても，そこに行くのに時間がかかるなら，結局はあまり魅力がなくなるかもしれません。学生は，メリット（と費用）についても検討した方がいいかもしれません。チップは素晴らしいもののように思えますが，当てにならないかもしれませんし，レストランの場合，チップの値段が賃金から差し引かれるかもしれません。また，無料の食事のようなメリットもありますし，交通費や衣類を自分で用意するなどの費用もかかります。また，肉体的・精神的にきつい仕事もあります。基本的には，決める前に注意深く考える必要があります。

どのようにアルバイトを評価しますか？
投稿者：学生自治会　2023 年 6 月 27 日
　「自分にとって最適なアルバイトは何？」ここ，学生自治会では，よくこの質問を受けます。4 人の学生に，自身の体験についてインタビューしました。

名前	職業	体験
エイミー	サリーズカフェ	土曜日と日曜日（各日 4 時間）に働いています。忙しい日なので結構疲れますが，（特に祝日は）チップがいいです。賃金はそれほど高くないけれども，たいていチップをたくさんもらえます。
ジースー	数学の家庭教師	私は 3 人の異なる高校生を教えています。そのうち 2 つの家族はとてもいい人たちです（1 軒は夕食を作ってくれるほど）。でも，1 つの家庭はよくキャンセルし，その時は何も支払われません。

フレディ	自由契約の配達員	アプリを通して，自転車での配達をしています。実は，配達先はほとんどが大学なので，あまり遠くまで行く必要がありません。でも，学生はチップを払ってくれません!!! 雨の日は仕事が大変だし，自分で自転車を用意しないといけないけれど，速く自転車をこげば，たくさん稼げます！
モー	ヤムバーガー	他のハンバーガーショップと同じだと思います。私はキッチンで働いていますが，その方が楽です。難しいお客さんに対応しなくていいからです。学生の最大時間（10時間）働いています。無料の食事はよさそうに思えますが，ハンバーガーには少しうんざりしています。

Words & Phrases

☐ academic year　学年度（英米では通例 9 月から始まる）

☐ part-time job　图 アルバイト，パートタイムの仕事

☐ survey　图 調査

☐ outline　他 ～の概要を述べる

☐ rank　他 ～の順位をつける

☐ hourly wage　時給

☐ factor　图 要素

☐ tutoring　图 個人指導

☐ slot　图 時間枠

☐ work out to ～　結局～になる

☐ transport　图 交通〔輸送〕機関〔手段〕

☐ clothing　图 衣類

☐ physically　副 肉体的に

☐ mentally　副 精神的に

☐ demanding　形 （仕事などが）きつい

□ student union　图 学生自治会

□ tutor　图 家庭教師

□ deal with 〜　〜に対応する

□ kind of　少し

□ be sick of 〜　〜にうんざりしている

□ 問1 ①　scarce　形 少ない

□ 問2 ①　appealing　形 魅力的な

┌─ 例 題 ─

Your group is preparing a poster presentation entitled "The Person Who Revolutionized American Journalism," using information from the magazine article below.

Benjamin Day, a printer from New England, changed American journalism forever when he started a New York City newspaper, *The Sun*. Benjamin Day was born in Springfield, Massachusetts, on April 10, 1810. He worked for a printer as a teenager, and at the age of 20 he began working in print shops and newspaper offices in New York. In 1831, when he had saved enough money, he started his own printing business, which began to struggle when the city was hit by a cholera epidemic the following year. In an attempt to prevent his business from going under, Day decided to start a newspaper.

In 1833, there were 650 weekly and 65 daily American newspapers, with average sales of around 1,200. Although there were cheap newspapers in other parts of the country, in New York a newspaper usually cost as much as six cents. Day believed that many working-class people were able to read newspapers, but chose not to buy them because they did not address their interests and were too expensive. On September 3, 1833, Day launched *The Sun* with a copy costing just one cent. The introduction of the "penny press," as cheap newspapers became known, was an important milestone in American journalism history.

Day's newspaper articles were different from those of other newspapers at the time. Instead of reporting on politics and reviews of books or the theater, *The Sun* focused on people's everyday lives. It was the first newspaper to report personal events and crimes. It led to a paradigm shift in American journalism, with newspapers becoming an important part of the community and the lives of the readers. Day also came up with another novel idea: newsboys selling the newspaper on street corners. People wouldn't even have to step into a shop to buy a paper.

The combination of a newspaper that was cheap as well as being easily available was successful, and soon Day was making a good living publishing *The Sun*. Within six months, *The Sun*'s circulation reached 5,000, and after a year, it had risen to 10,000. By 1835, sales of *The Sun* had reached 19,000, more than any of the other daily papers at that time. Over the next few years, about a dozen new penny papers were established, beginning a new era of newspaper competition. The success of *The Sun* encouraged other journalists to publish newspapers at a lower price. By the time of the Civil War, the standard price of a New York City newspaper had fallen to just two cents.

Despite his success, after about five years of operating *The Sun*, Day lost interest in the daily work of publishing a newspaper. In 1838, he sold *The Sun* to his brother-in-law, Moses Yale Beach, for $40,000, and the newspaper continued to publish for many years. After selling the paper, Day moved into other business areas, including the publication of magazines, but by the 1860s he was basically retired. He lived quietly until his death on December 21, 1889. Although he had been involved in the American newspaper business for a relatively short time, Day is remembered as a revolutionary figure who showed that newspapers could appeal to a mass audience.

The Person Who Revolutionized American Journalism

■ The Life of Benjamin Day

Period	Events
1810s	Day spent his childhood in Springfield
1820s	27
1830s and beyond	28 ↓ 29 ↓ 30 ↓ 31

Benjamin Day

■ About *The Sun*

▶ Day launched *The Sun* on September 3, 1833.

▶ This newspaper was highly successful for the following reasons:
  32

■ A Shift in U.S. Journalism: A New Model

▶ The motto of *The Sun* was " 33 ."

▶ *The Sun* changed American journalism and society in a number of ways: 34

問 1　Members of your group listed important events in Day's life. Put the events into the boxes 27 ～ 31 in the order that they happened.

① Day created other publications

② Day established a printing company

③ Day gained experience as a printer in his local area

④ Day started a newspaper business

⑤ Day's business was threatened by a deadly disease

問2 Choose the best statement(s) to complete the poster. (**You may choose more than one option.**) ☐ 32 ☐

① Day focused on improving the literacy levels of the working class.

② Day introduced a new way of distributing newspapers.

③ Day realized the potential demand for an affordable newspaper.

④ Day reported political affairs in a way that was easy to understand.

⑤ Day supplied a large number of newspapers to every household.

⑥ Day understood what kind of articles would attract readers.

問3 Which of the following was most likely to have been *The Sun*'s motto? ☐ 33 ☐

① Nothing is more valuable than politics

② The daily diary of the American Dream

③ *The Sun*: It shines for all

④ Top people take *The Sun*

問4 Choose the best statement(s) to complete the poster. (**You may choose more than one option.**) ☐ 34 ☐

① Information became widely available to ordinary people.

② Journalists became more conscious of political concerns.

③ Journalists started to write more on topics of interest to the community.

④ Newspapers became less popular with middle-class readers.

⑤ Newspapers replaced schools in providing literacy education.

⑥ The role of newspapers became much more important than before.

■ One Point アドバイス

キーワード検索をベースに問1の順序整理問題がひときわ存在感を示す問題。作業は第4問に続いて**前半後半の2分割**。この作業リズムを1日も早く自分のものとすべく，シミュレーションを繰り返すこと。

解答

問1　③→②→⑤→④→①
問2　②‐③‐⑥　問3　③　問4　①‐③‐⑥

解説

問1　➡順序整理問題！

「あなたのグループのメンバーはデイの生涯における重要な出来事を挙げた。その出来事を　27　～　31　の空欄に起こった順に入れなさい。」

① 「デイは他の出版物を作った」
② 「デイは印刷会社を設立した」
③ 「デイは地元で印刷工としての経験を積んだ」
④ 「デイは新聞事業を始めた」
⑤ 「デイの事業は死に至る病によって脅かされた」

前半（第1～3段落）読了時の解答検索

②第1段落第4文：In 1831, when he had saved enough money, he started his own printing business

③第1段落第3文：He worked for a printer as a teenager

④第1段落最終文：In an attempt to prevent his business from going under, Day decided to start a newspaper.

⑤第1段落第4文：..., which began to struggle when the city was hit by a cholera epidemic the following year

114

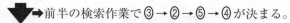➡前半の検索作業で③→②→⑤→④が決まる。

後半（第4・5段落）読了時の解答検索

　① 第 5 段 落 第 3 文：After selling the paper, Day moved into other business areas, including the publication of magazines...
　➡正解は③→②→⑤→④→①の順。この問題では後半に①しか残らないため，後半の解答検索は不要になる。

問2　「ポスターを完成させるのに最適な陳述を選びなさい。」（複数選択可。）

　　32

① 「デイは労働者階級の識字レベルの向上に焦点を当てた。」
② 「デイは新聞の新しい販売方法を導入した。」
③ 「デイは手頃な価格の新聞への潜在的な需要を認識していた。」
④ 「デイは理解しやすいやり方で政治的な事柄を報道した。」
⑤ 「デイはすべての家庭へ多くの新聞を届けた。」
⑥ 「デイはどんな種類の記事が読者をひきつけるのかを理解していた。」

ザ・サンの成功の理由を答える問題。

前半（第1〜3段落）読了時の解答検索

①第2段落第3文：Day believed that many working-class people were able to read newspapers とあるのみで「識字レベルの向上」を目指していたわけではない。　　　　　　　　　　　　➡不正解

②第3段落第5文：Day also came up with another novel idea: newsboys selling the newspaper on street corners.　　　　　　　➡正解

③第2段落第3文：Day believed that many working-class people were able to read newspapers, but chose not to buy them because they did not address their interests and were too expensive.　　　➡正解

④第3段落第2文：Instead of reporting on politics and reviews of books or the theater, *The Sun* focused on people's everyday lives.
　　　　　　　　　　　　　　　　　　　　　　　　　　➡不正解

⑤該当なし。

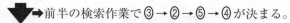

⑥第3段落第2・3文：*The Sun* focused on people's everyday lives. It was the first newspaper to report personal events and crimes.

→正解

後半（第4・5段落）読了時の解答検索

⑤該当なし。

以上2回の検索から，正解は②，③，⑥の3つ。

問3 「次のうち最もザ・サンのモットーだったと思われるものはどれか。」 ┃ 33 ┃

① 「政治以上に価値のあるものはない」

② 「アメリカンドリームの日常の記録」

③ 「ザ・サン：それはすべての人々のために輝く」

④ 「上流階級の人々がザ・サンを利用する」

　最後の設問ではないものの，ポスターの「締め」に当たる部分。この設問の主旨が例題に合ったタイトル選択問題とほぼ同一であることに気づくだろう。つまり，解答にはこれまでの設問の設問文＋正解の内容を利用することができる。ここでは直前の**問2**が有効。特に，**問2**の④で第3段落第2文の *The Sun* focused on people's everyday lives. を確認済みであることから，正解が③「ザ・サン：それはすべての人々のために輝く」であることは容易に判断できる。同じく問2の④で確認した通り，①は不正解。第2段落第3文より，デイは労働者階級の人たちを新聞の対象にしているので，④も不正解。②については記述がない。

問4 「ポスターを完成させるのに最適な陳述を選びなさい。」（複数選択可。） ┃ 34 ┃

① 「情報が普通の人々に広く利用されるようになった。」

② 「ジャーナリストは政治的な事柄をより意識するようになった。」

③ 「ジャーナリストはコミュニティーにとって興味のある話題についてもっと書き始めた。」

④ 「新聞は中流階級の読者の間で人気がなくなった。」

⑤ 「新聞は識字教育を提供する点で学校に取って代わった。」

⑥ 「新聞の役割は以前よりはるかに重要になった。」

前半（第1～3段落）読了時の解答検索

●第2段落第3文：Day believed that many working-class people were able to read newspapers, but chose not to buy them because they did not address their interests and were too expensive. 先の設問にもあったように，working-class の識字能力に問題があったわけではない。
➡ ⑤不正解。

●第3段落第2文：Instead of reporting on politics and reviews of books or the theater, *The Sun* focused on people's everyday lives. ジャーナリストという共通のキーワードから，②，③は合わせて判断する。②は不適で，③は適切。　　　　　　　　　　　➡ ②不正解。③正解。

後半（第4・5段落）読了時の解答検索

●第5段落最終文：Day is remembered as a revolutionary figure who showed that newspapers could appeal to a mass audience. 新聞の在り方を変えて普通の人々の間に行きわたらせた功績が述べられていることから判断する。　　　　　　　　　　➡ ①⑥正解。④不正解。

以上2回の検索から，正解は①，③，⑥の3つ。

和訳

　あなたのグループは，下記の雑誌記事の情報を使って，「アメリカのジャーナリズムを変革した人」というタイトルでポスター発表の準備をしている。

　ニューイングランド出身の印刷工のベンジャミン・デイは，ニューヨーク市の新聞であるザ・サンを刊行した時に，アメリカのジャーナリズムを恒久的に変えた。ベンジャミン・デイは1810年4月10日にマサチューセッツ州スプリングフィールドで生まれた。彼は10代の頃に印刷工として働き，20歳の時にニューヨークの印刷店と新聞社で働き始めた。1831年，十分なお金が貯まった時に，彼は自分の印刷事業を始めたが，その翌年，ニューヨーク市がコレラの流行に見舞われた時に，その事業は苦しくなり始めた。自分の事業が低迷するのを防ぐために，デイは新聞事業を始める決心をした。

　1833年には，650の週刊と65の日刊のアメリカの新聞があり，平均の売り上げはおよそ1,200部だった。国の他の地域には安い新聞があったにもかかわらず，

ニューヨークの新聞は通常 6 セントもした。デイは多くの労働階級の人たちは，新聞を読むことができるのに，興味が湧くものではなく高価すぎたために，新聞を買わないのだと信じていた。1833 年 9 月 3 日に，デイはザ・サンを 1 部たった 1 セントで刊行した。安い新聞としての「ペニープレス」の導入は有名になり，アメリカのジャーナリズム史の重要な転換点になった。

デイの新聞記事は当時の他の新聞記事と異なっていた。政治の報道や本や演劇の批評の代わりに，ザ・サンは人々の日常生活に焦点を当てた。それは個人的な出来事や犯罪を報道した最初の新聞だった。それは，新聞がコミュニティーと読者の生活の重要な一部となることで，アメリカのジャーナリズムのパラダイムシフト（劇的な変化）を導いた。デイはまた，別の新しいアイデアを思いついた。それは新聞少年が街角で新聞を売るというものだった。人々は新聞を買うために店に入る必要さえなくなったのだ。

安さだけではなく入手の手軽さとも結び付けた新聞は成功し，ザ・サンの発行によってすぐにデイの生活は豊かになった。6 カ月以内に，ザ・サンの発行部数は 5,000 部に達し，その 1 年後には 10,000 部に上った。1835 年までに，ザ・サンの売り上げは 19,000 部に達し，当時の他の日刊紙のどれよりも多くなった。そのあと 2，3 年の間に，約 12 の新しい安価な新聞が刊行され，新聞競争の新時代が始まった。ザ・サンの成功は，他のジャーナリストが低価格で新聞を発行する契機になった。南北戦争までに，ニューヨーク市の新聞の標準的な価格はたった 2 セントまで下がった。

成功したにもかかわらず，5 年間のザ・サンの運営のあと，デイは新聞の発行という日々の仕事に興味を失った。1838 年に，彼はザ・サンを義理の弟であるモーゼ・イェール・ビーチに 40,000 ドルで売り，その新聞は長年発行され続けた。新聞事業の売却後，デイは雑誌の出版を含む新たな事業分野に移行したが，1860 年代までに彼は基本的には引退した。彼は 1889 年 12 月 21 日に亡くなるまで静かに暮らした。彼がアメリカの新聞ビジネスに関わったのは比較的短期間だったが，デイは新聞がたくさんの読者にアピールできると示した革命的な人物として記憶されている。

アメリカのジャーナリズムを変革した人物

■ベンジャミン・デイの生涯

期間	出来事
1810 年代	デイはスプリングフィールドで子供時代を過ごした
1820 年代	27
1830 年代以降	28 ↓ 29 ↓ 30 ↓ 31

■ザ・サンについて

▶ デイはザ・サンを 1833 年 9 月 3 日に刊行した。

▶ この新聞は次の理由でとても成功した： 32

■アメリカのジャーナリズムの転換：新しいモデル

▶ ザ・サンは「 33 」がモットー。

▶ ザ・サンはアメリカのジャーナリズムと社会をいくつかの方法で変えた：

34

Section 2
第 4・5 問

Words & Phrases

☐ presentation 图 発表

☐ entitled 形 ～とタイトルをつけられた

☐ revolutionize 他 ～に革命を起こす

☐ struggle 自 苦しむ；もがく

☐ in an attempt to *do* …する試みで

☐ prevent A from *doing* A が…するのを防ぐ

☐ weekly 形 週刊の

☐ daily 形 日刊の

□ as much as 〜　〜ほども多く
□ launch　他 〜を立ちあげる；〜を始める
□ milestone　名 転換点
□ politics　名（通例複数形で）政治
□ focus on 〜　〜に焦点を当てる
□ come up with 〜　〜を思いつく
□ establish　他 〜を設立する
□ encourage A to *do*　他 A が…するよう促す
□ include　他 〜を含む
□ figure　名 人物
□ motto　名 モットー；座右の銘
□ a number of 〜　いくつかの〜；複数の〜

Your group is preparing a poster presentation entitled "The First Female Figure Skater," using information from the magazine article below.

Madge Syers was born in Kensington, London, in 1881. She was one of fifteen children of Edward Jarvis Cave. She became a regular member of the Prince's Skating Club in Knightsbridge, which was popular among the upper class. An ice skating rink was built in 1896.

In 1899, Madge got to know Edgar Syers, who was 18 years older than she was. He was a figure skater and a coach, and taught her how to skate better. They paired and won the second prize in an international competition for pairs held in Berlin in 1900. They got married that year.

The new style Edgar taught Madge was called *the international skating style*. The main style at that time was a traditional, rigid British style. However, in that new style freer movement was valued. The originator of that style was an American, Jackson Haines, who was a figure skater and a ballet dancer, and introduced some elements of ballet into figure skating. That style was welcomed more in Austria and Sweden than in the USA and the UK.

In 1902, Madge accomplished a historic thing; she bravely participated in the World Figure Skating Championships that year. In previous competitions, it was only men who took part, but there was no gender requirement for participation in the competition. Therefore, she made up her mind to enter it. Astonishingly, she came in second. The champion was Ulrich

Salchow, who was known for his Salchow jump. He is said to have offered his gold medal to Madge in praise of her splendid feat.

After that, the International Skating Union set a requirement that only men could take part in the competition, but later established a new, separate competition for women. Madge won the championship in these competitions in both 1906 and 1907. In addition, she also took part in the British Figure Skating Championships, which both men and women could originally participate in. She won the championship in those competitions in both 1903 and 1904. In 1904, she beat her husband Edgar, who came in second.

The first Athens Olympic Games in 1896, the beginning of the modern Olympics, were open to only male athletes, but in the second Olympic Games in 1900, female athletes could participate in tennis and golf. In 1908, the fourth Olympic Games were held in London. Figure skating became an athletic event for the first time, and was staged at the Prince's Skating Club. In that competition, Madge entered the ladies' singles and the pairs. She got a high score in the ladies' singles and won the championship. After that, she became ill and retired. She wrote two books with her husband Edgar entitled *The Book of Winter Sports* and *The Art of Skating*, but in 1917 she passed away at the age of 35 due to heart disease. Her distinguished achievements in figure skating were admired after her death, and she was inducted into the World Figure Skating Hall of Fame in 1981.

The First Female Figure Skater

■ Madge Syers' Life

Period	Events
1880s	She was born in 1881
1890s	27
1900s and beyond	28 ↓ 29 ↓ 30 ↓ 31 ↓ She died when she was 35 years old

■ About the International Skating Style

▶ An American, Jackson Haines, originated it.

▶ It 32 .

■ About the Fourth Olympic Games in London

▶ In this competition, 33 .

▶ Madge was a person worthy of being called " 34 ."

問1 Members of your group listed important events in Madge Syers' life. Put the events into the boxes 27 ～ 31 in the order that they happened.

① Madge got the silver medal behind Ulrich Salchow.

② Madge ranked first for two years in competitions in which both men and women took part.

③ Madge ranked first for two years in competitions in which only women participated.

④ Madge started to go to the Prince's Skating Club.

⑤ Madge won the Olympic gold medal.

問2 Choose the best statement(s) to complete the poster. (**You may choose more than one option.**) [32]

① became extremely popular in the USA

② gained popularity in Austria and Sweden

③ was a rigid style that included British elements

④ was a free style that included some elements of ballet

⑤ was banned for female athletes

⑥ was the most typical style among male skaters

問3 Choose the best statement(s) to complete the poster. (**You may choose more than one option.**) [33]

① female athletes participated for the first time

② figure skating was recognized as an athletic event

③ Madge couldn't participate because of illness

④ Madge took part in the ladies' singles and the pairs

⑤ only male athletes participated

⑥ tennis and golf became athletic events

問4 Which of the following best describes Madge Syers? [34]

① A Pioneer Among Female Athletes

② The First Woman to Win a Gold Medal

③ The Most Influential Person in the UK

④ The Originator of a New Style of Figure Skating

■ One Point アドバイス

第5問の典型として初期の対策で正しい解答作業のリズムをマスターしたい問題。**順序整理**だけでなく，第5問の特徴である**「検索が大変な」キーワード検索問題**にもしっかり慣れておこう。

解答

問1　④→①→②→③→⑤
問2　②-④　問3　②-④　問4　①

解説

問1　➡順序整理問題！

「あなたのグループのメンバーたちは，マッジ・サイアーズの生涯における重要な出来事を挙げた。その出来事を， 27 ～ 31 の空欄に起こった順に入れなさい。」

① 「マッジはウルリッヒ・サルコウに次いで銀メダルを獲得した。」

② 「マッジは男女ともに出場する大会で，2年間1位になった。」

③ 「マッジは女子だけが出場する大会で，2年間1位になった。」

④ 「マッジはプリンス・スケートクラブに通い始めた。」

⑤ 「マッジはオリンピックの金メダルを獲得した。」

前半（第1〜3段落）読了時の解答検索

●第1段落第3文に，プリンス・スケートクラブの定期会員になったと述べられているので， 27 には④が入る。

後半（第4〜6段落）読了時の解答検索

●第4段落では，彼女は1902年の世界フィギュアスケート選手権に出場し，2位だったことが述べられている。また，優勝者はウルリッヒ・サルコウだったとも述べられているので， 28 には①が入る。

●第5段落では，1903年と1904年の2年間，男女ともに出場できるイギリスフィギュアスケート選手権に参加し，優勝したことが述べられているので， 29 には②が入る。

125

●第5段落前半から，1906年と1907年の2年間，女子だけが出場する大会で優勝したことがわかるので，　30　には③が入る。

●第6段落では，彼女は1908年の第4回オリンピックに出場し，女子シングルで優勝したことが述べられているので，　31　には⑤が入る。

以上2回の検索により，④→①→②→③→⑤の順が正解になる。

問2　「ポスターを完成させるのに最適な陳述を選びなさい。」（複数選択可。）

　32

① 「アメリカで非常に人気が出た」

② 「オーストリアとスウェーデンで人気を博した」

③ 「イギリス風の要素を含んでいる厳格なスタイルだった」

④ 「バレエの要素をいくらか含んでいる自由なスタイルであった」

⑤ 「女子選手には禁止された」

⑥ 「男子選手の間では最も典型的なスタイルだった」

「国際的なスケートスタイル」について答える問題。

前半（第1〜3段落）読了時の解答検索

①第3段落最終文で，そのスタイル（＝国際的なスケートスタイル）はアメリカやイギリスでよりもオーストリアやスウェーデンで受け入れられたと述べられている。　　　　　　　　　　　➡不正解

②上の①と同じ文が根拠となる。　　　　　　　　　　　　　　➡正解

③第3段落第2文で，当時主流のスタイルは伝統的で厳格なイギリス風のスタイルであったことが述べられており，第3，4文では，その新しいスタイルは自由な動きが重視され，考案者はバレエの要素を取り入れたことが述べられている。　　　　　　　　　　　　　➡不正解

④上の③と同じ文が根拠となる。　　　　　　　　　　　　　　➡正解

⑤該当なし。

⑥該当なし。

後半（第4〜6段落）読了時の解答検索

⑤該当なし。

⑥該当なし。

以上2回の検索から，正解は②と④の2つ。

問3「ポスターを完成させるのに最適な陳述を選びなさい。」（複数選択可。）

33

① 「女子選手が初めて出場した」

② 「フィギュアスケートが競技種目として認められた」

③ 「マッジは病気のために参加できなかった」

④ 「マッジは女子シングルとペアに出場した」

⑤ 「男子選手だけが出場した」

⑥ 「テニスとゴルフが競技種目となった」

後半（第4〜6段落）読了時の解答検索

About the Fourth Olympic Games in London についての記述なので，第6段落のある後半部分のみを検索エリアとして考えればよい。

●第6段落第1文で，第2回オリンピックではすでに女子選手が出場できる競技（テニスとゴルフ）があったことが述べられており，そのあとのオリンピックは男女ともに出場できたことがわかるので，①と⑤は誤り。また，同文から⑥は誤り。

●第6段落第3文で，フィギュアスケートが初めて競技種目となったことが述べられているので，②は正しい。

●第6段落第4〜6文から，マッジが体調を崩して引退したのはオリンピックに出場後だとわかるので，③は誤り。

●第6段落第4文で，マッジが女子シングルとペアにエントリーしたと述べられているので，④は正しい。

以上の検索から，正解は②と④。

2
Section 2
第4・5問

問4 「次のうちマッジ・サイアーズのことを最もよく表しているものはどれか。」 34

① 「女子運動選手の先駆者」
② 「金メダルを獲得した初めての女性」
③ 「イギリスで最も影響力がある人物」
④ 「フィギュアスケートの新スタイルの考案者」

　実質的なタイトル選択問題。検索は後半読了時になる。第4段落冒頭に「1902年，マッジはある歴史的なことを成し遂げた」とある。過去の世界フィギュアスケート選手権では，出場したのは男子だけだったが，その年の大会の出場条件には性別はなく，彼女は出場して2位になった。第5段落では，フィギュアスケートが初めて競技種目となったオリンピックの女子シングルで高得点を獲得して優勝したことが述べられている。また，第6段落最終文では，彼女の死後，フィギュアスケートへの優れた功績が称えられ，彼女は1981年に世界フィギュアスケート殿堂入りしたと述べられている。これらは他の者に先立って行われたことであり，彼女を先駆者と呼ぶにふさわしい出来事である。したがって，①が正解。

（その他の選択肢）
②他の競技で金メダルを獲った女性にも当てはまるので誤り。
③「イギリスで最も影響力がある人物」とは断言できないので誤り。
④新スタイルの考案者はアメリカ人のジャクソン・ヘインズなので誤り。

[和訳]

　あなたのグループは，下記の雑誌記事の情報を使って，「最初の女子フィギュアスケート選手」というタイトルでポスター発表の準備をしている。
　マッジ・サイアーズは1881年にロンドンのケンジントンで生まれた。彼女はエドワード・ジャーヴィス・ケイブの15人の子供のうちの1人だった。彼女は上流階級の間で人気のあったナイツブリッジにあるプリンス・スケートクラブの定期会員になった。アイススケートリンクが1896年に建設された。
　1899年，マッジは18歳年上のエドガー・サイアーズと知り合った。彼はフィ

ギュアスケートの選手兼コーチで，スケートをもっと上手に滑る方法を彼女に教え
た。彼らはペアを組み，1900 年にベルリンで開かれたペアの国際大会で 2 位になっ
た。彼らはその年に結婚した。

　エドガーがマッジに教えた新しいスタイルは「国際的なスケートスタイル」とよ
ばれた。当時主流のスタイルは，伝統的で厳格なイギリス風のスタイルであった。
しかしながら，その新しいスタイルでは，より自由な動きが重視された。そのスタ
イルの考案者はアメリカ人のジャクソン・ヘインズだったが，彼はフィギュアス
ケーター兼バレエダンサーで，フィギュアスケートにバレエの要素を取り入れた。
そのスタイルはアメリカやイギリスでよりもオーストリアやスウェーデンで受け入
れられた。

　1902 年，マッジはある歴史的なことを成し遂げた。彼女は勇敢にも，その年に世
界フィギュアスケート選手権に出場したのである。過去の大会では，出場したのは
男子だけだったが，その大会の出場条件には性別はなかった。そのため，彼女はそ
れに出場しようと決意した。驚くべきことに，彼女は 2 位になった。優勝したのは
サルコウジャンプで知られるウルリッヒ・サルコウだった。彼は彼女の偉業をたた
え，自分の金メダルをマッジに差し出したと言われている。

　そのあと，国際スケート連盟は男子だけが大会に出場できるとする条件を設けた
が，のちに女子のための新しい別の大会を設立した。マッジは，1906 年と 1907
年のその大会で優勝した。彼女はまた，イギリスフィギュアスケート選手権に参加
した。それは，もともと男女ともに出場できるものだった。彼女は 1903 年と 1904
年のその大会で優勝した。1904 年，彼女は夫のエドガーに勝った。彼は 2 位だった。

　近代オリンピックの始まりである，1896 年の第 1 回アテネ大会は男子選手のみ
に開かれていたが，1900 年の第 2 回オリンピックでは，女子選手はテニスとゴル
フに出場できた。1908 年，第 4 回オリンピックがロンドンで開かれた。フィギュ
アスケートが初めて競技種目となり，プリンス・スケートクラブで行われた。その
大会で，マッジは女子シングルとペアにエントリーした。彼女は女子シングルで高
得点を獲得して優勝した。そのあと，彼女は体調を崩して引退した。彼女は夫のエ
ドガーとの共著で『冬季スポーツの本』『スケートの技術』の 2 冊を執筆したが，
1917 年に心臓疾患のために 35 歳で亡くなった。彼女の死後，フィギュアスケート
への優れた功績が称えられ，彼女は 1981 年に世界フィギュアスケート殿堂に加え
られた。

最初の女子フィギュアスケート選手

■マッジ・サイアーズの生涯

期間	出来事
1880 年代	1881 年に誕生
1890 年代	27
1900 年代以降	28 ↓ 29 ↓ 30 ↓ 31 ↓ 35 歳で死去

■「国際的なスケートスタイル」について

▶アメリカ人のジャクソン・ヘインズがそれを考案した。

▶それは 32 。

■ロンドンでの第 4 回オリンピックについて

▶この大会では, 33 。

▶マッジは「 34 」と呼ばれるに値する人物であった。

Words & Phrases

☐ rigid 　形 厳格な

☐ movement 　名 動き

☐ accomplish 　他 ～を成し遂げる

☐ historic 　形 歴史的な；歴史の

☐ bravely 　副 勇敢にも

☐ make up one's mind to *do* 　…しようと決心する

☐ feat 　名 功績

☐ pass away 　亡くなる

☐ at the age of ～ 　～歳で

□ due to 〜　〜のために；〜が原因で

□ heart disease　心臓疾患

□ distinguished　㋺優れた

□ worthy of *doing*　…するに値する

□ **問4①**　pioneer　㋲先駆者

□ **問4③**　influential　㋺大きな影響を及ぼす

■セクションの概要

第6問は評論文を素材とする長文読解問題であり，A，Bの2題構成です。
2題の違いは設問の種類になります。設問についてはこのあとで詳説しますが，問題文に使用される評論文は受験生にとって最も読み慣れた種類の文章であり，**「普通の」長文読解問題**です。しかしながら，500語を大きく超える問題文に，**3種類の共テ型設問の中でエラーが最も多い照合問題が含まれる**ため，自己流の解答作業ではなかなか作業効率を上げることが難しいものになっています。リズムよく解答作業を進めるためにも，問題の特徴を正しく理解し，十分なトレーニングすることが求められます。

□本文

600〜700語の評論文。本文の難易度は，第4・5問に比べて「やや高い」程度であるが，それほど大きな違いはない。第5問の物語文に比べ「読み慣れた」印象が強く，受験生からすればむしろ読みやすさを感じるかもしれない。

□設問

一般型設問＝〈キーワード検索〉がベース。共テ型設問として照合問題が必ず出題される。

□手順

第4・5問同様，**「前半・後半を2分割して読む」**作業。

□解答時間

これも第4・5問同様，**A・Bとも12分で2問合計25分が目安**。ただし，評論文の「読み慣れた」感も手伝って，比較的作業がスムーズに進められる受験生が多いため，**最長A・B各12分と考えて**演習に取り組むとよい。

□注意点

実際にリーディングでハイスコアを獲得した受験生のデータを見ると，実はこのセクションの得点率は「非常に高い」。評論文の読解が苦手では，そもそも高いレベルでの受験は望めない。共テ型設問を意識した演習をしっ

かりこなしつつ，ごく普通の長文対策を進めていけば，決して恐れる必要はない問題である。

2

Section 3

第6問

133

Your study group is learning about "how time of day affects people." You have found an article you want to share. Complete the summary notes for your next meeting.

When Does the Day Begin for You?

When asked "Are you a morning person?" some reply "No, I'm a night owl." Such people can concentrate and create at night. At the other end of the clock, a well-known proverb claims: "The early bird catches the worm," which means that waking early is the way to get food, win prizes, and reach goals. The lark is a morning singer, so early birds, the opposite of *owls*, are *larks*. Creatures active during the day are "diurnal" and those emerging at night are "nocturnal."

Yet another proverb states: "Early to bed, early to rise makes a man healthy, wealthy, and wise." *Larks* may jump out of bed and welcome the morning with a big breakfast, while *owls* hit the snooze button, getting ready at the last minute, usually without breakfast. They may have fewer meals, but they eat late in the day. Not exercising after meals can cause weight gain. Perhaps *larks* are healthier. *Owls* must work or learn on the *lark* schedule. Most schooling occurs before 4:00 p.m., so young *larks* may perform certain tasks better. Business deals made early in the day may make some *larks* wealthier.

What makes one person a *lark* and another an *owl*? One theory suggests preference for day or night has to do with time of birth. In 2010, Cleveland State University researchers found evidence that not only does a person's internal clock start at the moment of birth, but that those born at night might have lifelong challenges performing during daytime hours. Usually, their world experience begins with darkness. Since traditional study time and office work happen in daylight, we assume that day begins in the morning. People asleep are not first in line, and might miss chances.

Does everyone follow the system of beginning days in the morning? The Jewish people, an approximately 6,000-year-old religious group, believe a day is measured from sundown until the following sundown— from eve to eve. Christians continue this tradition with Christmas Eve. The Chinese use their system of 12 animals not only to mark years, but to separate each two-hour period of the day. The hour of the rat, the first period, is from 11:00 p.m. to 1:00 a.m. Chinese culture also begins the day at night. In other words, ancient customs support how *owls* view time.

Research indicates *owls* are smarter and more creative. So, perhaps *larks* are not always wiser! That is to say, *larks* win "healthy" and sometimes "wealthy," but they may lose "wise." In an early report, Richard D. Roberts and Patrick C. Kyllonen state that *owls* tend to be more intelligent. A later, comprehensive study by Franzis Preckel, for which Roberts was one of the co-authors, came to the same conclusion. It is not all good news for *owls*, though. Not only can schoolwork be a challenge, but they may miss daytime career opportunities and are more likely to enjoy the bad habits of "nightlife," playing at night while *larks* sleep. Nightlife tends to be expensive. A University of Barcelona study suggests *larks* are precise, seek perfection, and feel little stress. *Owls* seek new adventures and exciting leisure activities, yet they often have trouble relaxing.

Can people change? While the results are not all in, studies of young adults seem to say no, we are hard-wired. So, as young people grow and acquire more freedom, they end up returning to their *lark* or *owl* nature. However, concerns arise that this categorization may not fit everyone. In addition to time of birth possibly being an indication, a report published in *Nature Communications* suggests that DNA may also affect our habits concerning time. Other works focus on changes occurring in some people due to aging or illness. New research in this area appears all the time. A study of university students in Russia suggests that there are six types, so *owls* and *larks* may not be the only birds around!

Your summary notes:

When Does the Day Begin for You?

Vocabulary

    Definition of <u>diurnal</u>: [39]

    ⇔ *opposite: nocturnal*

The Main Points

- *Not all of us fit easily into the common daytime schedule, but we are forced to follow it, especially when we are children.*
- *Some studies indicate that the most active time for each of us is part of our nature.*
- *Basically,* [40] *.*
- *Perspectives keep changing with new research.*

Interesting Details

- *The Jewish and Christian religions, as well as Chinese time division, are referred to in the article in order to* [41] *.*
- *Some studies show that* [42] *may set a person's internal clock and may be the explanation for differences in intelligence and* [43] *.*

問 1   Choose the best option for ☐ 39 ☐ .

① achieves goals quickly
② likes keeping pet birds
③ lively in the daytime
④ skillful in finding food

問 2   Choose the best option for ☐ 40 ☐ .

① a more flexible time and performance schedule will be developed in the future
② enjoying social activities in the morning becomes more important as we age
③ it might be hard for us to change what time of day we perform best
④ living on the *owl* schedule will eventually lead to social and financial benefits

問 3   Choose the best option for ☐ 41 ☐ .

① explain that certain societies have long believed that a day begins at night
② indicate that nocturnal people were more religious in the past
③ say that people have long thought they miss chances due to morning laziness
④ support the idea that *owls* must go to work or school on the *lark* schedule

問4　Choose the best option for ⬚42⬚ and ⬚43⬚ .

① amount of sleep
② appearance
③ behavior
④ cultural background
⑤ religious beliefs
⑥ time of birth

■ One Point アドバイス

基本（共テの出題方針）に忠実な設計であり，演習のスタートに取り上げるにふさわしい問題。まずはこうした問題を通じて解答作業の手順を正しく定着させたい。第1～3段落が前半，第4～6段落が後半になる。

解答

問1 ③　問2 ③　問3 ①　問4 ⬚42⬚ ⑥ ⬚43⬚ ③

解説

前半（～第3段落）読了時の解答作業

問1 「⬚39⬚ に最も適する選択肢を選びなさい。」
① 「素早く目的を達成する」
② 「ペットの鳥を飼うことを好む」
③ 「昼間に元気な」
④ 「食料を入手することに熟練している」

⬚39⬚ には diurnal という語の定義が入る。diurnal をそのままキーワードとして第1段落最終文にアクセスすれば，Creatures active during the day are "diurnal" と書かれている。active を lively に，during the day を in the daytime に言い換えた③が正解。

問2 「 40 に最も適する選択肢を選びなさい。」

① 「将来は，より柔軟な時間や仕事のスケジュールが開発されるだろう」

② 「年齢を重ねるごとに，午前中に社会活動を楽しむことがより重要になる」

③ 「1日の中で最も能力を発揮できる時間帯を変えるのは難しいかもしれない」

④ 「フクロウのスケジュールで生活することは，やがて社会的，経済的な利益につながるだろう」

40 は The Main Points の3つ目。1つ目の「特に子供の頃は誰もが昼型のスケジュールに合わせることを強いられる」は第2段落後半に述べられ，2つ目の「それぞれの活動的な時間帯は私たちの生来の性質の一部である」は第3段落の「昼型か夜型かは出生時刻に関係している」という内容を示していることがわかる。そして，3つ目についてもこの付近に解答情報が現れることが期待できる。選択肢を確認すると③が第3段落第3文後半部「夜に生まれた人は昼間に行動することが一生苦手である」を言い換えたものであることに気づく。ここから③を正解に選ぶことができる。ただし，この言い換えはやや気づきにくく，この段階で無理に結論を出す必要はない。気づかなければこの設問はパスして後半の作業に臨む。

問4 「 42 と 43 に最も適する選択肢を選びなさい。」

① 「睡眠の量」

② 「外見」

③ 「行動」

④ 「文化的背景」

⑤ 「宗教的信念」

⑥ 「出生時刻」

「いくつかの研究によると 42 は人の体内時計を設定する可能性があり，知性と 43 の違いの説明になるかもしれない。」この a person's internal clock が読んだ記憶にあることから，これをキーワー

ドに第3段落第3文にアクセスする。「2010年にクリーブランド州立大学の研究者は，人の体内時計は誕生した瞬間に始まるだけでなく…することを示す証拠を見つけた」とある。 42 には，「誕生した瞬間」とほぼ同意である⑥の「出生時刻（生まれた時間）」が入る。

前半の解答作業終了。後半の読解作業に進む。

後半（第4段落〜）読了時の解答作業

問2 「 40 に最も適する選択肢を選びなさい。」
① 「将来は，より柔軟な時間や仕事のスケジュールが開発されるだろう」
② 「年齢を重ねるごとに，午前中に社会活動を楽しむことがより重要になる」
③ 「1日の中で最も能力を発揮できる時間帯を変えるのは難しいかもしれない」
④ 「フクロウのスケジュールで生活することは，やがて社会的，経済的な利益につながるだろう」

前半で③が選べなかった場合，あらためて後半の読了後に解答作業に入る。（決して無理をして即断即決はしないこと。）本文第6段落第1文 Can people change? に対する答えとして，第2文の中で ... no, we are hard-wired「いや，私たちは簡単には変われない」と述べられている。hard-wired「変わりにくい」がわからなくても，直後の文（結局はヒバリやフクロウの性質に戻る）を読めば理解できるので，今度は無理なく③を正解に選ぶことができる。①，②は本文に言及なし。④については，第2段落最終文に Business deals made early in the day may make some larks wealthier. とあるように，social and financial benefits につながるのは owl schedule ではなく，むしろ lark schedule の方なので，合致しない。

問3 「 41 に最も適する選択肢を選びなさい。」

① 「特定の社会は，1 日は夜に始まると長く信じてきたと説明する」

② 「夜型の人々は，昔はより信仰心が強かったことを示す」

③ 「朝に怠惰なせいでチャンスを逃すと，人々は長く考えてきたと言う」

④ 「フクロウはヒバリのスケジュールで仕事や学校に行かなければならないという考えを支持する」

ユダヤ教，キリスト教，中国の時間区分は第 4 段落に書かれている。「すべての人が 1 日を朝から始めるシステムに従うのでしょうか」で始まるこの段落は，上の 3 種類の時間区分を紹介した後，最終文で In other words に続けて「(複数の) 古代の習慣はフクロウ型の時間の見方を支持している」と結んでいる。「フクロウ型の時間の見方」とは「1 日は夜に始まる」ことを示すと考えられることから，正解は①。

問4 「 42 と 43 に最も適する選択肢を選びなさい。」

① 「睡眠の量」

② 「外見」

③ 「行動」

④ 「文化的背景」

⑤ 「宗教的信念」

⑥ 「出生時刻」

43 には昼型か夜型かによってもたらされる違いが入る。intelligence はすでに挙げられているので，それ以外の違いを探すことになる。この intelligence がキーワードになる。intelligence の違いについて本文を確認すると，第 5 段落前半（第 1 文〜第 5 文）で owls are smarter, owls tend to be more intelligent などの記述があり，この部分が該当することがわかる。このあと第 6 文から話題が変わっていることに気づく。第 7 文に they (= owls) ... are more likely to enjoy the bad habits of "nightlife," playing at night while *larks* sleep（ヒバリが

寝ている間にフクロウは夜に遊ぶ「夜遊び」の悪い習慣を楽しんだりする可能性が高い）と書かれている。さらに同段落第9・10文にも「ヒバリは几帳面で完璧を求め，ストレスをあまり感じない。フクロウは新しい冒険や刺激的な余暇活動を求めるが，リラックスするのに苦労することが多い」と書かれていることから，昼型と夜型には「行動の違い」があると言える。正解は③。

すべての解答作業終了。

[和訳]

あなたの研究グループは，「時間帯が人々にどのような影響を与えるか」について学んでいます。あなたは共有したい記事を見つけました。次回のミーティングのために要約メモを完成させなさい。

あなたにとって1日の始まりはいつですか？

「あなたは朝型の人ですか。」と質問された時，「いいえ，夜のフクロウ（夜型）です」と答える人がいる。そういう人は，夜に集中し，新しいものを創造することができる。その時計の対極に，「早起きの鳥は虫を捕まえる（早起きは三文の徳）」という有名なことわざがある。これは，早起きすることは，食料を手に入れたり，賞品を獲得したり，目標に到達したりする方法だという意味である。ヒバリは朝にさえずる鳥なので，フクロウの反対の早起きの鳥とはヒバリのことである。昼間に活発な生物は「昼行性」，夜に現れる生物は「夜行性」である。

さらに別のことわざは「早寝早起きは，人を健康に，裕福に，そして賢明にする」という。ヒバリはベッドから飛び起き，たっぷりの朝食で朝を迎えるかもしれないが，一方でフクロウは，スヌーズボタンを押し，ギリギリになってから支度をし，たいてい朝食抜きである。彼らは食事の回数が少ないかもしれないが，1日の遅い時間に食事をする。食後に運動しないと体重が増加しかねない。おそらくヒバリの方が健康だろう。フクロウはヒバリのスケジュールで仕事をしたり，勉強したりしなければならない。ほとんどの学校教育は午後4時以前にあるので，若いヒバリはある種の課題をよりうまくこなすかもしれない。1日の早い時間帯に行われる商売上の取引は，ヒバリたちをより裕福にするかもしれない。

ある人をヒバリにし，別の人をフクロウにする原因は何だろうか。ある学説は，昼か夜かの好みは出生時刻と関係があると示唆する。2010 年，クリーブランド州立大学の研究者たちは，人の体内時計は誕生の瞬間に始まるだけでなく，夜に生まれた人は，昼間の時間に行動することが生涯にわたって困難である可能性がある証拠を発見した。通常，彼らのこの世界の体験は暗闇と始まるのだ。従来の勉強時間や勤務時間がたまたま昼間にあるので，私たちは朝に 1 日が始まると思いこんでいる。寝ている人は一番乗りではないので，チャンスを逃すかもしれない。

　すべての人が，朝に 1 日が始まるシステムに従っているのだろうか。約 6000 年の歴史を持つ宗教団体であるユダヤ教徒は，1 日は日没から翌日の日没まで，つまり夕方から夕方までで分けられていると信じている。キリスト教徒はクリスマスイブに関してこの伝統を続けている。中国では，十二支（12 の動物）の仕組みを，年を示すだけでなく，1 日を 2 時間ごとに区切るためにも使う。最初の時間であるネズミの時間は午後 11 時から午前 1 時までだ。中国の文化も 1 日を夜に始める。つまり，フクロウの時間のとらえ方を古代の習慣が支持しているのだ。

　研究によると，フクロウはより賢く，より創造的であることが示されている。だからおそらく，ヒバリの方が必ずしも賢いとは限らないのだ！つまり，ヒバリは「健康」と，時には「富」で勝つが，「賢さ」では負けるかもしれない。初期の報告では，リチャード・D・ロバーツとパトリック・C・カイロネンがフクロウはより知的である傾向があると述べている。その後の，ロバーツも共同執筆者の 1 人として参加した，フランツ・プレッケルによる総合的な研究は，同じ結論に至った。しかし，それはフクロウにとって良いニュースばかりではない。学業が大変なだけでなく，彼らは昼間の仕事のチャンスを逃したり，ヒバリが寝ている夜に遊ぶ「夜遊び」という悪い習慣を楽しんだりする可能性がより高いのだ。夜遊びはお金がかかる傾向がある。バルセロナ大学の研究によると，ヒバリは几帳面で，完璧を求め，ストレスをあまり感じないと言う。フクロウは新しい冒険や刺激的な余暇活動を求めるが，リラックスするのに苦労することが多い。

　人は変わることができるのか？まだすべての結果が出たわけではないが，若者を対象とした研究の結果によると，答えはいいえで，私たちは変化しにくいようだ。だから，若者が成長し，より多くの自由を手に入れると，結局はヒバリやフクロウの性質に戻るのだ。しかし，この分類がすべての人に当てはまらないかもしれないという懸念が生じる。「ネイチャー・コミュニケーション」誌に掲載された報告は，

出生時刻がその兆候になる可能性に加えて，DNAも時間に関する習慣に影響を与えているかもしれないと示唆している。別の研究は，加齢や病気によって人々に生じている変化を重視している。この分野では，常に新しい研究が現れている。ロシアの大学生の研究では，6つのタイプがあることが示唆されている，だから周囲にいる鳥はフクロウとヒバリだけではないのかもしれない！

あなたの要約メモ：

あなたにとって1日の始まりはいつですか？

語彙

昼行性の定義： | 39 |

⇔反対語：夜行性

主なポイント

・私たち皆が，一般的な日中のスケジュールに容易に適応するわけではないが，特に子供の頃は，それに従うことを強いられている。

・いくつかの研究は，私たちそれぞれにとって最も活動的な時間帯は，私たちの生来の性質の一部であることを示している。

・基本的に | 40 | 。

・新しい研究によって，見方は変化し続けている。

興味深い点

・| 41 | ために，中国の時間区分と同様に，ユダヤ教とキリスト教が記事で言及されている。

・いくつかの研究によると，| 42 | は人の体内時計を設定する可能性があり，知性と | 43 | の違いの説明になるかもしれない。

Words & Phrases

□ affect 他 ～に影響を与える

□ night owl 夜型（の人）（owl は「フクロウ」）

□ proverb 名 ことわざ

□ lark 名 ヒバリ（この文章では *lark*（イタリック体で）「昼型の人」を表す）

□ emerge 自 現れる

☐ at the last minute　ギリギリになってから

☐ schooling　图 学校教育

☐ occur　圁 生じる

☐ task　图 課題

☐ business deal　商売上の取引

☐ theory　图 学説

☐ preference　图 好み

☐ have to do with ～　～と関係がある

☐ internal clock　体内時計

☐ lifelong　形 一生の

☐ assume　他 ～と思いこむ

☐ religious　形 宗教の

☐ measure　他 ～を測って分ける

☐ tradition　图 伝統

☐ indicate　他 ～ということを示す

☐ comprehensive　形 総合的な

☐ precise　形 きちんとした

☐ have trouble *doing*　…するのに苦労する

☐ hard-wired　形 変化しにくい；生まれつき備わっている

☐ end up ～　結局～になる

☐ concern　图 懸念（事項）

☐ arise　圁 生じる

☐ in addition to ～　～に加えて

☐ indication　图 兆候

☐ focus on ～　～を重視する

☐ definition　图 定義

☐ force A to *do*　A に…することを強いる

☐ perspective　图 見方

☐ division　图 （分割された）区分

☐ 問2 ①　flexible　形 柔軟な

☐ 問2 ④　eventually　副 やがて

You are preparing for a group presentation on an ancient civilization for your class. You have found the article below.

The Beauty of Ancient Egypt

[1]   No other civilization placed as much emphasis on appearance as ancient Egyptian civilization. It is said that people's position in society and their condition in their next life depended on their appearance. It seems that modern beauty techniques were already used by ancient Egyptians. We found that both men and women had a high sense of beauty and usually wore makeup because we dug up a lot of accessories and cosmetics from those days. It was essential for people in positions of authority who needed to be looked up to by people. They cared for their bodies and skins in order to be more attractive.

[2]   One famous person from that era was Cleopatra Ⅶ. She used her good looks to protect her country against Roman invasion. She is known for having charmed two men who were leaders of the Roman army with her beauty and for having affected the world. We believe that she invented and developed various cosmetic techniques, and those achievements continue to make her a symbol of beauty even now. Moreover, she was intent on keeping up her looks by putting on jewelry and improving her hairstyle. To maintain her position as the queen, she had no choice but to keep up her looks.

[3]   Eye makeup is said to have begun in Egypt. Ancient Egyptians made lines around their eyes using a black powder called *kohl*. Then, they put on eye shadow, whose color was mainly blue and green. It is said that this wasn't originally to attract the opposite sex, but to protect them from evil and diseases related to the eyes. In addition, a small number of the ingredients of their

eye shadow boosted immune systems and helped fight bacteria.

[4] Egyptians treated their whole skin with honey and aloe to increase their beauty. Cleopatra also took milk baths, and baths in the Dead Sea, which contains a lot of minerals. Those minerals are known to be good for the skin. In addition, they were keen on making perfume and scented oil, which smells good. When they are put on the hair, their nice aroma charmed people around. Also, they say that the ancient Egyptians made an effort to make themselves look beautiful by removing unwanted hair and wearing wigs.

[5] Ancient Egypt flourished a long time ago, but they already knew what is effective for beauty that time. Furthermore, they made good use of nature to keep themselves beautiful, healthy and young. Cosmetic materials such as powder were made artificially. It took a long time to make them, but Egyptian people had advanced techniques for doing this.

[6] These ancient Egyptian techniques have had a significant influence on the modern beauty industry. They are used in beauty treatments and cosmetic surgery, and in developing cosmetic products. Ancient Egyptians could see far ahead in regard to beauty.

問 1　According to the article,　$\boxed{35}$　in ancient Egypt.

  ① 　Cleopatra Ⅶ pursued beauty just for herself, not for her country

  ② 　people thought that their appearance was just one aspect of their personality

  ③ 　people tried various methods to become beautiful, but they failed

  ④ 　people who had power made extra efforts to become beautiful

問 2　According to the article, eye shadow was　$\boxed{36}$.

  ① 　blue powder known as *kohl*

  ② 　first used in order to prevent illness

  ③ 　made just to make people more beautiful

  ④ 　used by women to charm men in ancient Egypt

問 3　According to the article, ancient Egyptians　$\boxed{37}$.

  ① 　could make their cosmetics quickly

  ② 　knew honey and aloe were good for the skin

  ③ 　liked to put on scented oil in the Dead Sea

  ④ 　removed their hair and made wigs to sell

問 4　Which of the following statements best summarizes the article?
$\boxed{38}$

  ① 　Cleopatra Ⅶ was such a fascinating queen that a lot of people respected her.

  ② 　Modern humans always want to stay beautiful, so they use makeup.

③　The ancient Egyptians attracted people with their advanced
　　skills in making cosmetics.
④　The ancient Egyptians knew effective ways to make themselves
　　beautiful.

■ One Point アドバイス

最後に要約問題がある問題。この形式の設問演習はこの１題で十分だ。「どれを選ぶか」よりも **「どれを選んではいけないか」を理解しよう。**第１～３段落を前半，第４～６段落を後半とする。一般的に２分割設計の読解問題では，後半が短くなることが多い。

解答

問１　④　問２　②　問３　②　問４　④

解説

前半（第１～３段落）読了時の解答作業

> 問１　「記事によると，古代エジプトでは，　**35**　。」
> ①　「クレオパトラ７世は自国のためではなく，自分のためだけに美を
> 　　追求した」
> ②　「人々は見た目が個性の１つの側面に過ぎないと考えた」
> ③　「人々は美しくなるためにさまざまな方法を試したが，失敗した」
> ④　「権力者は美しくなるために特別な努力をした」

選択肢に使用されているワードから前半に該当する設問と判断し，このタイミングで解答する。第１段落では，古代エジプト文明では見た目を重視，男女とも美意識が高く，普段から化粧をしていたことが述べられている。第５・６文（同段落最後の２文）に，特に人々から尊敬される立場である権力者たちはより魅力的になるために体や肌をケアしたとある。これが根拠となり④が正解。第２段落から，クレオパトラ７世は

自分のためだけに美を追求していたわけではないことがわかるので，①は誤り。②と③の内容についてはまったく述べられていない。

問2 「記事によると，アイシャドウは　36　。」
① 「『コール』として知られている青い粉であった」
② 「最初は病気を防ぐために用いられた」
③ 「人々をもっと美しくするためだけに作られた」
④ 「古代エジプトでは男性を魅了するために女性によって用いられた」

eye shadow をキーワードとするまでもなく，該当箇所が第3段落であることはわかる。同段落第4文と最終文で，アイシャドウをするのは自分たちを悪や目に関する病気から守るためであり，アイシャドウに含まれる少量の成分が免疫力を上げ，細菌と戦うのに役立ったことが述べられている。したがって，②が正解。①，③，④は本文と食い違うので誤り。
前半の解答作業が終了。後半の読解作業に進む。

後半（第4〜6段落）読了時の解答作業

問3 「記事によると，古代エジプト人は　37　。」
① 「化粧品をすぐに作ることができた」
② 「ハチミツとアロエが肌によいことを知っていた」
③ 「死海で香油を塗るのが好きだった」
④ 「髪を抜いて販売用のカツラを作った」

選択肢には「ハチミツ」「アロエ」「香油」「死海」などキーワードが豊富に含まれている。これらから，該当箇所が第4段落を中心とした本文後半部であることがわかる。第4段落第1文で，エジプト人は美しさを向上させるため，ハチミツとアロエを全身に塗って肌のケアをしたことが述べられている。よって，②が正解。第5段落最終文で，パウダーなどの化粧品を作るのにはとても時間がかかったと述べられているので

①は誤り。③と④はまったく述べられていない。

問4 ➡要約問題

本来ならば，いわゆる要約問題の解答作業は，すべての段落の要旨を確認したあと，それらをつなぎ合わせて凝縮させるという2段階のプロセスをとる。しかし，共通テストで出題される要約問題はそこまでの作業を必要とせず，「まったく述べられていないこと」と「本文の一部でしか述べられていない（具体的な）こと」を表す選択肢を排除するだけで正解が判断できる。本文テーマに関する「最も漠とした」内容の選択肢が残ることになり，それこそが本文全体をひと言で示した「要約」になる。

「次のどの陳述が記事を最もよく要約しているか。」 | 38 |

① 「クレオパトラ7世はとても魅力的な女王だったので，多くの人々が彼女を尊敬した。」
② 「現代人は常に美しくありたいと思っているので，化粧をする。」
③ 「古代エジプト人は化粧品を作る高度な技術で人々を魅了した。」
④ 「古代エジプト人は自分を美しくするための効果的な方法を知っていた。」

①の「クレオパトラ7世」は第2段落と第4段落に登場するが，あくまで具体例であるため，①は誤り。②はまったく述べられていないので誤り。③は第6段落に関連しているが，making cosmetics の技術のみに焦点が当たった記述のため，記事全体の要約としては不適切。以上より④が正解となる。

すべての解答作業が終了。

　あなたは授業である古代文明についてのグループ発表の準備をしている。あなたは次の記事を見つけた。

古代エジプトの美容

[1]　古代エジプト文明ほど，見た目が重視されていた文明はない。人々の社会的地位と来世での状態は見た目次第であったと言われている。現代の美容法は，古代エジプト人によってすでに用いられていたらしい。私たちはその当時の装飾品や化粧品をたくさん発掘したので，男女ともに美意識が高く，普段化粧をしていたということがわかった。人々から尊敬される必要がある権力者にとって，それは必要不可欠だった。彼らはより魅力的になるため，体や肌をケアした。

[2]　その時代の1人の有名な人物はクレオパトラ7世であった。彼女はローマの侵略から自国を守るため，自身の美しさを利用した。彼女は自身の美しさを用いてローマ軍の指導者であった2人の男性を魅了し，世界に影響を与えたことで知られている。彼女はさまざまな美容法を考案，開発したと信じられており，それらの功績によって，彼女は今でも美の象徴であり続けている。さらに，彼女は宝石を身に付け，髪型を改善することによって自身の外見を維持することに熱心だった。女王としての地位を維持するため，彼女は自身の外見を維持せざるを得なかった。

[3]　アイメイクはエジプトで始まったと言われている。古代エジプト人は「コール」とよばれる黒い粉を使って目の周りに線を引いた。そして，彼らは主に青色や緑色のアイシャドウをした。これはもともと異性を惹きつけるためではなく，自分たちを悪や目に関する病気から守るためであったと言われている。さらに，アイシャドウに含まれる少量の成分が免疫力を上げ，細菌と戦うのに役立った。

[4]　エジプト人は美しさを向上させるため，ハチミツとアロエを全身に塗って肌のケアをした。クレオパトラはまた，ミルク風呂に入り，ミネラルを豊富に含んだ死海での入浴もした。それらのミネラルは肌によいと知られている。さらに，彼らは香水やよい香りのする香油を作ることに熱心であった。それらが髪につけられると，その素敵な香りが周囲の人々を魅了した。また，古代エジプト人はむだ毛を処理したり，カツラを身に付けたりすることによって，自らを美しく見せるための努力をしたと言われている。

[5]　古代エジプトは大昔に繁栄したが，彼らはその時代に，何が美容に効果的かをすでに知っていた。さらに，彼らは自然を有効活用し，自身の美しさ，健康，そして若さを保った。パウダーなどの化粧品は人工的に作られた。それを作るのにはとても時間がかかったが，エジプト人はそれをする進んだ技術を持っていた。

[6]　これらの古代エジプトの技術は，現代の美容業界に大きな影響を与えてきた。

それらは美容術や美容整形，そして化粧品開発で用いられている。古代エジプト人は美に関してはるかに先を見据えることができたのだ。

Words & Phrases

☐ civilization　图 文明

☐ place emphasis on 〜　〜を重要視する

☐ depend on 〜　〜によって決まる

☐ it seems that …　…であるらしい；…のようだ

☐ dig up 〜　〜を発掘する

☐ authority　图 権威；権力

☐ look up to 〜　〜を尊敬する

☐ care for 〜　〜を大事にする

☐ invasion　图 侵略

☐ invent　他 〜を発明する

☐ be intent on *doing*　…することに熱中している

☐ put on 〜　〜を身に付ける

☐ evil　图 悪

☐ boost　他 〜を高める

☐ immune system　免疫系

☐ bacteria　图 細菌

☐ be keen on *doing*　…することに熱心である

☐ make an effort to *do*　…しようと努力する

☐ remove　他 〜を取り除く

☐ flourish　自 栄える

☐ effective　形 効果的である

☐ make use of 〜　〜を利用する

☐ artificially　副 人工的に

☐ significant　形 重要な

☐ in regard to 〜　〜に関して

☐ **問4 ①**　fascinating　形 魅了するような

例 題

You are in a student group preparing a poster for a presentation contest. You have been using the following passage to create the poster.

A Brief History of Units of Length

Since ancient times, people have measured things. Measuring helps humans say how long, far, big, or heavy something is with some kind of accuracy. While weight and volume are important for the exchange of food, it can be argued that one of the most useful measurements is length because it is needed to calculate area, which helps in the exchange, protection, and taxation of property.

Measuring systems would often be based on or related to the human body. One of the earliest known measuring systems was the cubit, which was created around the 3rd millennium BC in Egypt and Mesopotamia. One cubit was the length of a man's forearm from the elbow to the tip of the middle finger, which according to one royal standard was 524 millimeters (mm). In addition, the old Roman foot (296 mm), which probably came from the Egyptians, was based on a human foot.

A unit of measurement known as the yard probably originated in Britain after the Roman occupation and it is said to be based on the double cubit. Whatever its origin, there were several different yards in use in Britain. Each one was a different length until the 12th century when the yard was standardized as the length from King Henry I's nose to his thumb on his outstretched arm. But it was not until the 14th century that official documents described

the yard as being divided into three equal parts —— three feet ——
with one foot consisting of 12 inches. While this description helped
standardize the inch and foot, it wasn't until the late 15th century,
when King Henry Ⅶ distributed official metal samples of feet and
yards, that people knew for certain their true length. Over the
years, a number of small adjustments were made until the
International Yard and Pound Agreement of 1959 finally defined the
standard inch, foot, and yard as 25.4 mm, 304.8 mm, and 914.4 mm
respectively.

The use of the human body as a standard from which to
develop a measuring system was not unique to western cultures.
The traditional Chinese unit of length called *chi* —— now one-third
of a meter —— was originally defined as the length from the tip of
the thumb to the outstretched tip of the middle finger, which was
around 200 mm. However, over the years it increased in length
and became known as the Chinese foot. Interestingly, the Japanese
shaku, which was based on the *chi*, is almost the same as one
standard foot. It is only 1.8 mm shorter.

The connection between the human body and measurement
can also be found in sailing. The fathom (6 feet), the best-known
unit for measuring the depth of the sea in the English-speaking
world, was historically an ancient Greek measurement. It was not
a very accurate measurement as it was based on the length of
rope a sailor could extend from open arm to open arm. Like many
other British and American units, it was also standardized in 1959.

The metric system, first described in 1668 and officially
adopted by the French government in 1799, has now become the
dominant measuring system worldwide. This system has slowly
been adopted by many countries as either their standard
measuring system or as an alternative to their traditional system.

While the metric system is mainly used by the scientific, medical, and industrial professions, traditional commercial activities still continue to use local traditional measuring systems. For example, in Japan, window widths are measured in *ken* (6 *shaku*).

Once, an understanding of the relationship between different measures was only something traders and tax officials needed to know. However, now that international online shopping has spread around the world, we all need to know a little about other countries' measuring systems so that we know how much, or how little, of something we are buying.

Your presentation poster draft:

Different Cultures, Different Measurements

1. The purposes of common units

Standard units are used for:

  A. calculating how much tax people should pay

  B. commercial purposes

  C. comparing parts of the human body

  D. measuring amounts of food

  E . protecting the property of individuals

2. Origins and history of units of length

45

46

3. Comparison of units of length

Figure 1 . Comparison of major units of length

47

4. Units today

48

問1 When you were checking the statements under the first poster heading, everyone in the group agreed that one suggestion did not fit well. Which of the following should you **not** include?　44

- ① A
- ② B
- ③ C
- ④ D
- ⑤ E

問2 Under the second poster heading, you need to write statements concerning units of length. Choose the two below which are most accurate. (The order does not matter.)　45 ・ 46

- ① Inch and meter were defined by the 1959 International Yard and Pound Agreement.
- ② The *chi* began as a unit related to a hand and gradually became longer over time.
- ③ The cubit is one of the oldest units based on the length of a man's foot.
- ④ The length of the current standard yard was standardized by King Henry Ⅷ.
- ⑤ The origin of the fathom was from the distance between a man's open arms.
- ⑥ The origin of the Roman foot can be traced back to Great Britain.

問3 Under the third poster heading, you want a graphic to visualize some of the units in the passage. Which graph best represents the different length of the units from short (at the top) to long (at the bottom)? 　47

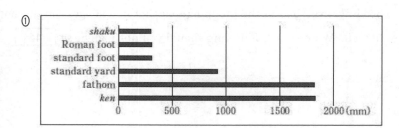

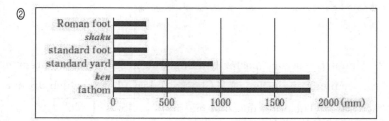

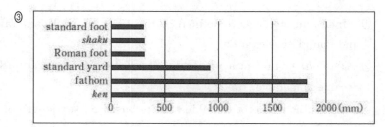

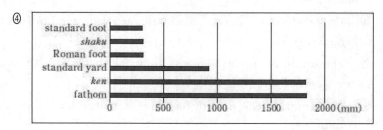

問4　Under the last poster heading, your group wants to add a statement about today's units based on the passage.　Which of the following is the most appropriate?　<u>48</u>

① Although the metric system has become dominant worldwide, traditional measuring systems continue to play certain roles in local affairs.

② Science and medicine use traditional units today to maintain consistency despite the acceptance of a widespread standardized measurement system.

③ The increase in cross-border online shopping has made the metric system the world standard.

④ Today's units, such as the inch, foot, and yard, are based on the *chi*, whose origin is related to a part of the human body.

■ One Point アドバイス

前半は第1～3段落，後半が第4～7段落。**問2と問3にBの最大の特徴である「前後半照合問題」が登場する**。ハイスコア獲得に向けて，この設問形式の解答リズムを正しくマスターするのが演習の目標だ。

解答

問1　③　問2　②‐⑤　問3　②　問4　①

解説

前半（第1～3段落）読了時の解答作業

> 問1　「あなたがポスターの最初の見出しの下の記述を確認していた時，提案の1つが当てはまらないことにグループの皆が賛成しました。次のうち含むべきでは**ない**ものはどれですか。」　<u>44</u>

① 「A（人々が税金をいくら払うべきか計算する）」
② 「B（商業的な目的）」
③ 「C（人体の部位を比較する）」
④ 「D（食料の量を測る）」
⑤ 「E（個人の土地を守る）

共通単位が使われる目的としては当てはまらないものを答える問題。A
～Eで用いられている「税金」「商業目的」「人体」などをキーワードに
設定すれば，前半で解答可能な問題であることがわかる。第1段落第3
文に weight and volume are important for the exchange of food とあ
り，Dの「食料の量を測ること」は共通の単位を使う目的の1つであ
る。また同じ文には one of the most useful measurements is length
because it is needed to calculate area, which helps in the exchange,
protection, and taxation of property と述べられていることから，Aの
「人々が税金をいくら払うべきかを計算すること」とEの「個人の土地
を守る」も共通単位が使われる目的だとわかる。さらに，その食料や土
地の交換は，Bの「商業的な目的」に通じると考えられる。「人体の部
位」については，第2段落第1文に Measuring systems would often
be based on or related to the human body. とあるものの，「人体の部
位」を比較するために共通単位を使うという記述はない。したがって，
Cが当てはまらず，正解は③。

問2 ➡前後半照合問題！

「ポスターの2番目の見出しの下に，あなたは長さの単位に関する文を
書かなければなりません。以下の中から最も的確なものを 2 つ選びな
さい。」（順不同。） 　45 　・　46

① 「インチとメートルは 1959 年の国際ヤード・ポンド協定によって
定義された。」
② 「手に関連した単位として始まった *chi* は，時が経つにつれて徐々
に長くなった。」
③ 「キュービットは人の足の長さを基にした最古の単位の1つである。」

160

④ 「現在の標準ヤードの長さはヘンリー7世によって標準化された。」
⑤ 「ファゾムの起源は人が広げた腕の間がどれくらい離れているかに由来する。」
⑥ 「ローマのフィートの起源は英国にさかのぼることができる。」

① キーワードは「1959年の国際ヤード・ポンド協定」。第3段落最終文で the standard inch, foot, and yard が定義されたと述べられている。meter は含まれず、①は誤り。

② のキーワード *chi* は第1～3段落に現れていないため、②は後半検索にまわす。

③ の cubit については、第2段落第2文の One of the earliest known measuring systems was the cubit は③と一致するものの、続く第3文に One cubit was the length of a man's forearm from the elbow to the tip of the middle finger とあり、足の長さではないので誤り。

④ 「ヘンリー7世」は第3段落第5文に登場。King Henry Ⅶ distributed official metal samples of feet and yards と述べられているが、これは15世紀後半のこと。現在のヤードが定義されたのは、続く第6文から1959年の国際ヤード・ポンド協定であることがわかるため、「ヘンリー7世によって」は誤り。

⑤ fathom は第1～3段落に現れていない。後半で検索。

⑥ Roman foot については第2段落最終文に the old Roman foot ... probably came from the Egyptians と述べられている。起源は Great Britain ではなく Egyptians。したがって、⑥は誤りである。

　　　　　　➡前半該当の選択肢①③④⑥はすべて誤り。したがって、②⑤が正解、がこの時点で確定する。

問3　➡前後半照合問題！

「ポスターの3番目の見出しの下に、あなたは文章内の単位のうちいくつかを視覚化するためのグラフが欲しいと思っています。短い単位（上部）から長い単位（下部）まで長さの違いを最もよく表しているグラフはどれですか。」　47

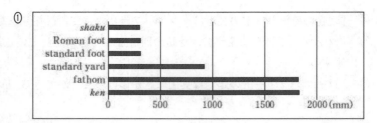

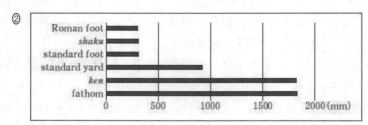

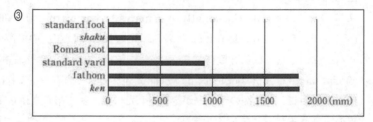

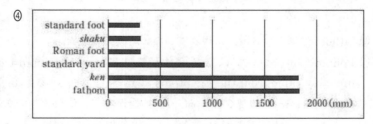

グラフにある各単位のうち，前半に現れるものの長さに関する記述を
確認する。

● Roman foot …第2段落最終文に 296 mm とある。

● standard yard …第3段落最終文から 914.4 mm である。

● standard foot …同文から 304.8 mm。

以上から，短い順（つまり，グラフの上から）に Roman foot → standard
foot → standard yard となり，この並びに合致するグラフは ① ② に絞ら

れる。前半の解答作業はここまで。

問4は明らかに後半に該当する設問。

前半の解答作業が終了。後半の読解作業に進む。

後半（第4〜7段落）読了時の解答作業

問2　＊すでに正解が確定しているため確認不要。

② 「手に関連した単位として始まった『チ』は，時が経つにつれて徐々に長くなった。」

⑤ 「ファゾムの起源は人が広げた腕の間の距離に由来する。」

② chi は第4段落第2文に *chi* ... was originally defined as the length from the tip of the thumb to the outstretched tip of the middle finger とあるから，「手に関連した単位」という②の前半の説明は正しい。さらに，続く第3文では over the years it (＝chi) increased in length とも述べられており，②の後半も正しい。つまり，②は正解。

⑤ fathom の長さの決め方については第5段落第3文に登場。it was based on the length of rope a sailor could extend from open arm to open arm とあるので正解。

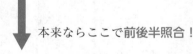

本来ならここで前後半照合！

①不正解，②正解，③不正解，④不正解，⑤正解，⑥不正解
以上から，正解は②と⑤である。

問3 ➡前後半照合問題！

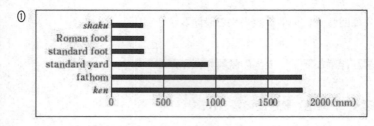

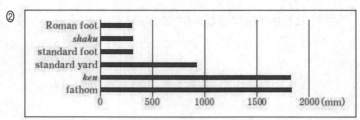

後半に現れた単位の長さに関する記述を確認する。

● *shaku*…第4段落最後の2文に the Japanese *shaku* ... is almost the same as one standard foot. It is only 1.8 mm shorter. と述べられ，standard foot が 304.8 mm だから *shaku* は 304.8－1.8＝303 mm。

● fathom…第5段落第2文に 6 feet とある。1 foot は 304.8 mm だから fathom はその6倍で 1828.8 mm。

● *ken*…第6段落最後に *ken*（6 *shaku*）とあるから，303×6＝1818 mm。

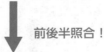

前後半照合！

（短い順に）Roman foot → *shaku* → standard foot
→ standard yard → *ken* → fathom

以上から，正解は②である。

問4 「ポスターの最後の見出しの下に，あなたのグループは本文を基にした，現代の単位についての文を加えたいと思っています。最も適切なものは次のうちどれですか。」　48

① 「メートル法が世界的に主要になったが，伝統的な測定法は地域の事柄では一定の役割を果たし続けている。」

② 「広く行き渡っている標準化された測定法が受け入れられているのにもかかわらず，科学と医療は一貫性を保つために今も伝統的な単位を使っている。」

③ 「国境を越えたオンラインショッピングの増加がメートル法を世界標準にした。」

④ 「インチ，フィート，ヤードなどの現在の単位は，起源が人体の部位と関連している chi を基にしている。」

①キーワードはもちろん the metric system と traditional measuring systems で，参照先は第6段落。第2文に This system (= The metric system) has slowly been adopted by many countries，続く第3文で While the metric system is mainly used by the scientific, medical, and industrial professions, traditional commercial activities still continue to use local traditional measuring systems. と述べられており，①の内容と一致する。したがって，①が正解。その他の選択肢は検索不要になる。

（その他の選択肢）

②は第6段落を参照。科学や医療ではメートル法が主に使われているから不適当。③は第7段落を参照。オンラインショッピングが増加したためにメートル法が標準化されたわけではないので不適当。④は第4段落を参照。chi は中国の伝統的な単位であり，現在のインチやフィート，ヤードの起源ではないので不適当。

すべての解答作業が終了。

和訳

　あなたは，プレゼンテーションコンテストに向けて，ポスターを準備している学生グループの一員です。ポスターを作るために，以下の文章を使っています。

長さの単位の略史

　古代から，人々は物を測定してきた。測定することは，人々が何かの長さや距離，大きさ，重さを，ある種の正確さで言うのに役立つ。重さや容積が食料の交換に重要である一方，最も有用な測定の 1 つは長さだと言えるだろう。なぜなら長さは面積を計算するのに必要であり，面積を計算することは，土地の交換や保護，課税において役立つからだ。

　測定法は人体を基にしたり，人体に関連したりしていることが多かった。測定法として知られる最古のものの 1 つは cubit（キュービット）であり，これは紀元前約 3 千年紀のエジプトとメソポタミアで作られた。1cubit は人のひじから中指の先端までの前腕の長さで，ある王室標準によると 524 mm だった。加えて，古代ローマのフィート（296 mm）は，おそらくエジプト人が起源で，人間の足を基にしていた。

　ヤードとして知られる測定単位は，おそらくローマ帝国侵略後の英国に由来し，cubit の 2 倍が基になっていると言われている。起源が何であれ，英国ではいくつかの異なるヤードが使われていた。12 世紀に，ヘンリー1 世の鼻から広げた腕の親指までの長さとして，ヤードが標準化されるまで，それぞれのヤードは異なる長さだった。しかし，14 世紀になって初めて，公式な文書がヤードを 3 つの等しい部分 —— 3 つのフィート —— 1 フィートは 12 インチから成る —— に分けられるものとして記述した。この記述は，インチとフィートを標準化するのに役立ったが，ヘンリー7 世がフィートとヤードの正式な金属見本を配布した，15 世紀後半になって初めて，人々はフィートとヤードの本当の長さをはっきりと知るようになった。長年に渡り，数々の微調整が行われたが，1959 年の国際ヤード・ポンド協定が，ついに標準のインチ，フィート，ヤードをそれぞれ 25.4 mm，304.8 mm，914.4 mm と定義した。

　測定法を開発するのに，基準として人体を用いるのは，西洋文化に特有なものではなかった。chi（尺）と呼ばれる中国の伝統的な長さの単位が，今では，1m の 3 分の 1 だが，もともとは親指の先から広げた中指の先までの長さとして定義され，約 200 mm だった。けれども，年月を経てその長さは長くなり，中国のフィートとして知られるようになった。興味深いことに，日本の shaku（尺）は chi を基にしており，標準的な 1 フィートとほぼ同じである。ほんの 1.8 mm 短いだけである。

　人体と測定法との関係は，航海術でも見られる。fathom（ファゾム：6 フィート）は英語圏で水深を測るための最もよく知られた単位で，歴史的には古代ギリシャの

測定単位だった。これは水夫が広げた腕と腕の間に伸ばすことができるロープの長さを基にしていたので，あまり正確な測定法ではなかった。他の多くの英国やアメリカの単位と同じように，それも 1959 年に標準化された。

メートル法は，1668 年に最初に記述され，公式には 1799 年にフランス政府によって採用され，今では世界中で主要な測定法となっている。メートル法は多くの国でその国の標準的な測定法として，またはその国の伝統的な測定法に代わるものとして，徐々に採用されてきている。メートル法は，科学，医療，産業の専門職で主に使われている一方，伝統的な商業活動では，今でも地域の伝統的な測定法が使われ続けている。例えば日本では窓の幅は ken（間：6 尺）で測られる。

かつては，異なる測定単位間の関係についての理解は，商人や税務署員が知っていればよいだけのものだった。けれども，今や国際的なオンラインショッピングが世界中に広がっているので，私たちは皆，自分が買おうとしているものが，どのくらい多いのか，あるいは少ないのかを知るために，他国の測定法について少しは知っておく必要がある。

あなたのプレゼンテーションのポスターの下書き：

さまざまな文化，さまざまな測定法

1. 共通単位の目的

標準単位は以下のために使われる：

　A. 人々が税金をいくら払うべきか計算する

　B. 商業的な目的

　C. 人体の部位を比較する

　D. 食料の量を測る

　E. 個人の土地を守る

2. 長さの単位の起源と歴史

| 45 |
| 46 |

---

3. 長さの単位の比較

図1. 主な長さの単位の比較

47

4. 現代の単位

48

Words & Phrases

- ☐ measure 他 〜を測る，名 測定単位
- ☐ accuracy 名 正確さ；精度
- ☐ argue that ... …だと主張する
- ☐ measurement 名 測定
- ☐ calculate 他 〜を計算する
- ☐ taxation 名 課税
- ☐ property 名 不動産；土地；財産
- ☐ *be* based on 〜 〜に基づいている
- ☐ millennium 名 1000 年間
- ☐ forearm 名 前腕（ひじから手首または指先まで）
- ☐ in addition その上；さらに
- ☐ originate in 〜 〜に由来する；〜に始まる
- ☐ origin 名 起源；由来
- ☐ standardize 他 〜を規格化する；〜を標準化する
- ☐ outstretched 形 （腕などが）いっぱいに広げられた
- ☐ distribute 他 〜を分配〔配布〕する
- ☐ for certain 確かに；はっきりと
- ☐ adjustment 名 調整；調節
- ☐ agreement 名 協定：合意
- ☐ define 他 〜を定義する
- ☐ respectively 副 それぞれ；めいめいに

- □ metric system　メートル法
- □ adopt　他〜を採用する
- □ dominant　形主要な；支配的な
- □ alternative　名代わるもの
- □ medical　形医学の；医療の
- □ industrial　形産業の
- □ commercial　形商業の
- □ width　名幅
- □ trader　名商人；貿易業者
- □ now that ...　（今や）…だから
- □ **問1**　heading　名表題；見出し
- □ **問2** ②　gradually　副徐々に
- □ **問2** ⑥　trace back to 〜　〜にさかのぼる
- □ **問3**　graphic　名グラフ；図
- □ **問3**　visualize　他〜を視覚化する
- □ **問3**　represent　他〜を表す
- □ **問4** ①　affair　名事柄；出来事；事態
- □ **問4** ②　consistency　名一貫性
- □ **問4** ②　acceptance　名受け入れ；受容
- □ **問4** ②　widespread　形広く行き渡った
- □ **問4** ③　cross-border　国境を越えた

You listened to the English news and were interested in a story about truck drivers in the USA. You are going to read the following article to understand the current situation.

For about the past ten years, the transportation industry in the USA has been faced with a lack of truck drivers. This has a large impact on the economy. Trucking accounts for the largest percentage of freight in the USA. In 2016, trucks transported 10.55 billion tons of freight, which was equal to about 71% of domestic freight traffic. There are about 0.78 million transportation companies in the nation. They employ about 3.5 million truck drivers in total. Along with economic growth after the recovery from the collapse of Lehman Brothers, freight volume began to increase. As a result, the lack of truck drivers became more serious year by year. In 2012, there was a shortage of 15,000 truck drivers, but in 2018, the number increased to more than 60,000. It is expected that the number in 2026 will be about three times as large as in 2018. Several problems related to the lack of truck drivers have already occurred such as a rise in freight costs and delivery delays, and the situation will become more serious in the future.

Truck drivers are aging now, and the current average age is said to be in the late 50s. Above all, the American transportation industry greatly relies on male truck drivers aged 45 and over. What is worse, few young people work in this industry. In the USA, a law prohibits professional drivers under 21 years old from driving across state lines, which does not attract job hunters who have just graduated from high school at around the age of 18. Additionally, it costs 3,000 to 7,000 dollars to get a license to drive large vehicles, which is one of the reasons few young people are becoming truck drivers.

In the USA, female workers accounts for 47.4% of all the workers in all occupations. How many female truck drivers are there? In the transportation industry, the percentage of female bus drivers is 45.5%, and the percentage of female taxi drivers decreases to less than one third of this number, which is more than twice as large as the percentage of female truck drivers. Compared with male truck drivers, female truck drivers generally drive safer, follow the traffic rules better, and communicate better with other people. In other words, increasing the number of female truck drivers is one key to the solution of the lack of truck drivers. In order to do that, however, it is essential to make the job of truck driver more attractive to women. This is because this job involves danger, irregular lifestyles, and loneliness, which result in a lot of workers quitting the job.

Another important factor in solving the problem is the introduction of self-driving cars. There are few barriers on freeways and freight does not complain about ride comfort, so freight transportation by trucks is suited to automated driving. The American transportation industry should take measures immediately.

問1　In the transportation industry in the USA, ┌ 39 ┐ .

① less than one third of the freight traffic in the nation is transported by trucks

② the lack of truck drivers has nothing to do with the economic recovery

③ the lack of truck drivers is expected to get worse

④ 3.5 million female truck drivers are working now

問2　In the graph below, which of the following is the most appropriate combination to put in boxes ⬚A⬚, ⬚B⬚, and ⬚C⬚? ⬚40⬚

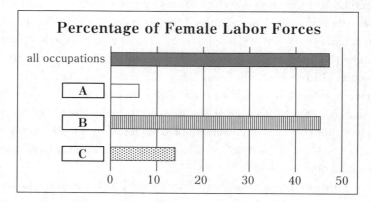

Percentage of Female Labor Forces

- all occupations
- A
- B
- C

0 10 20 30 40 50

① A: bus driver　B: taxi driver　C: truck driver
② A: taxi driver　B: bus driver　C: truck driver
③ A: truck driver　B: bus driver　C: taxi driver
④ A: truck driver　B: taxi driver　C: bus driver

問3　According to the article, which two of the following sentences describe the current problem for truck drivers? (**Choose two options.** The order does not matter.) ⬚41⬚ · ⬚42⬚

① It is very costly to introduce self-driving trucks.
② Most traffic accidents are caused by male drivers.
③ People need to pay a lot of money to become large-vehicle drivers.
④ There are too many middle-aged male drivers and too few young drivers.
⑤ Young truck drivers are not aware how dangerous their job is.

問4　The best title for this article is 　43　.

① How Can We Improve the Bad Labor Conditions Truck Drivers Face?
② Self-driving Trucks Will Decrease the Number of Truck Drivers
③ What Are the Keys to Saving the Transportation Industry?
④ Why Do So Many Drivers Stop Working in the Transportation Industry?

■ One Point アドバイス

第1・2段落が前半，第3・4段落が後半，はすぐにわかるだろう。もちろん演習のターゲットは**問2, 問3**の「**前後半照合問題**」だ。ところが，作業を始めればすぐに気づくだろうが，**問2は「ただの」照合問題になっている。こうした問題も実際に出題されている**ことから，確認のための1題。

解答

問1　③　問2　③　問3　③ - ④　問4　③

解説

前半（第1・2段落）読了時の解答作業

問1 「アメリカの運送業界では，　39　。」
① 「国内の貨物輸送の3分の1未満がトラックによって輸送される」
② 「トラック運転手の不足は経済の回復とはまったく関係がない」
③ 「トラック運転手の不足は悪化すると予想されている」
④ 「350万人の女性トラック運転手が現在，働いている」
キーワードは選択肢から「3分の1」「運転手不足」「（350万人の）女性

ドライバー」あたりが狙い目になり，参照先が第1段落であることも無理なくわかるだろう。段落冒頭から順番に確認していくと，第4文で「トラックは国内の貨物輸送の約71%」と述べられており，ここから①が誤り。次に第6文の「全部で約350万人」が男女別ではないことから④も誤り。さらに続く第7，8文で，リーマンショック回復後の経済成長とともに貨物量が増加した結果，トラック運転手不足になったとあるので，②もまた誤り。正解は③。第8〜10文で，トラック運転手の不足は年々深刻化するという予想が述べられている。

問2 ➡前後半照合問題！（のイレギュラーパターン）

「下記のグラフで，次のうち空所 $\boxed{A}$，$\boxed{B}$，$\boxed{C}$ に入れる組み合わせとして最も適当なものはどれか。」 $\boxed{40}$

① 「A：バス運転手　　B：タクシー運転手　　C：トラック運転手」

② 「A：タクシー運転手　　B：バス運転手　　C：トラック運転手」

③ 「A：トラック運転手　　B：バス運転手　　C：タクシー運転手」

④ 「A：トラック運転手　　B：タクシー運転手　　C：バス運転手」

満を持して選択肢からキーワードを拾うものの，そもそも前半で「女性」が1つも検索に引っかかってこない。つまり，これは**「前後半」照合問題ではない**。後半に提示される複数の条件から正解を導く「ただの」照合問題，と理解して**問2**から一旦離脱する。

問3 ➡前後半照合問題！

「記事によると，次の文のうちどの2つがトラック運転手にとっての現在の問題を述べているか。」（2つの選択肢を選びなさい。順不同。）

$\boxed{41}$・$\boxed{42}$

① 「自動運転のトラックを導入するのはとても高額である。」

② 「交通事故のほとんどは男性の運転手によって引き起こされている。」

③ 「人々は大型車の運転手になるために多くのお金を支払う必要がある。」

④ 「中年の男性運転手が多すぎ，若い運転手が少なすぎる。」

⑤ 「若いトラック運転手は自分の仕事がいかに危険かを認識していない。」

①のキーワード self-driving trucks は第1・2段落に現れていないため，①は後半の検索にまわす。

②のキーワード traffic accidents も第1・2段落に現れていないため，後半の検索に。

③の large-vehicle は第2段落最終文に該当。「免許を取るためには3,000〜7,000ドルかかり，これがトラック運転手になる若者がほとんどいない理由の1つ」と述べられていることから，③は正しい。

④の many middle-aged と too few young に関係する文は第2段落第2，3文に現れる。トラック運転手は高齢化しており，45歳以上の男性のトラック運転手に大きく依存し，ほとんどの若者はこの業界で働いていないと述べられていることから，④は正しい。

⑤は young よりも dangerous がキーワードとして魅力的だが，そうした内容は第1・2段落には出てこない。後半で検索。

➡前半該当の選択肢③④の2つが正解で確定，後半での検索および照合は必要ない。

問4は明らかに後半に該当する設問。

前半の解答作業が終了。後半の読解作業に進む。

後半（第3・4段落）読了時の解答作業

問2 ➡ただの照合問題

「女性の割合」は第3段落。2つの条件はともに第3文に述べられている。

●条件1　taxi は bus の3分の1未満

●条件2　taxi は truck の2倍以上

↓「ただの」照合！

③が正解。

問3　＊すでに正解が確定しているため確認不要。

① 「自動運転のトラックを導入するのはとても高額である。」

② 「交通事故のほとんどは男性の運転手によって引き起こされている。」

⑤ 「若いトラック運転手は自分の仕事がいかに危険かを認識していない。」

①の self-driving trucks については，第4段落で述べられているが，金額については触れられていない。①は誤り。

②の traffic accidents については，第3段落第4文に女性のトラック運転手は男性より安全に運転すると書かれているが，「事故のほとんどが男性運転手によって引き起こされている」とまでは述べられていない。②は誤り。

⑤の dangerous については，第3段落最終文で「この仕事は危険」と述べられてはいるが「若い運転手がそれを意識していない」とは書かれていない。⑤は誤り。

本来ならここで前後半照合！

①不正解，②不正解，③正解，④正解，⑤不正解

以上から，正解は③と④である。

問4　➡要約問題

「この記事に最も適したタイトルは　43　である。」

① 「トラック運転手が直面する劣悪な労働条件を改善するには」

② 「自動運転のトラックはトラック運転手の数を減少させるだろう」

③ 「運送業界を救う鍵は何か」

④ 「なぜこんなにも多くの運転手が運送業界で働くことをやめるのか」

タイトルを選択する問題であるが，これは要するに要約問題である。(1)「まったく述べられていないこと」と (2)「本文の一部でしか述べられていない（具体的な）こと」は選ばない，がポイントである。①の「劣悪な労働条件」と④の「働くことをやめる」について述べられているのは，第3段落最終文の「危険で，不規則な生活スタイルになり，孤独であり，その結果，多くの労働者が退職している」という部分のみ。したがって，(2)「一部のみ」に該当するため誤り。②「自動運転」について書かれているのは最終段落だが，「導入によってトラック運転手の数が減少する」とは書かれていない。(1)「まったく述べられていない」に該当するため誤り。本文ではトラック運転手の不足が深刻である状況とその理由，そして打開策が述べられている。これを無難に表した③が正解になる。

すべての解答作業が終了。

和訳

　あなたは英語のニュースを聞き，アメリカのトラック運転手についての話に興味をもった。あなたはその現状を理解するため，次の記事を読むつもりである。

　過去 10 年ほどの間，アメリカの運送業界はトラック運転手の不足に直面している。これは経済に大きな影響を与えている。トラック輸送業はアメリカの貨物輸送で最も大きな割合を占めている。2016 年に，トラックは 105.5 億トンの貨物を運んでおり，これは国内の貨物輸送の約 71％に相当した。国内には約 78 万の運送会社がある。彼らは全部で約 350 万人のトラック運転手を雇用している。リーマン・ブラザーズの破綻からの回復後の経済成長とともに，貨物量が増加し始めた。その結果，トラック運転手の不足は年々深刻になった。2012 年には，15,000 人のトラック運転手が不足していたが，2018 年には，その数は 60,000 人を超えるまでに増加した。その数は 2026 年には 2018 年の約 3 倍になると予想されている。運送コストの上昇や遅配など，トラック運転手の不足に関連したいくつかの問題がすでに生じており，状況は将来，より深刻化するだろう。

　トラック運転手は現在，高齢化しており，現在の平均年齢は 50 代後半だと言われ

ている。とりわけ，アメリカの運送業界は45歳以上の男性のトラック運転手に大きく依存している。さらに悪いことに，この業界で働く若者はほとんどいない。アメリカでは，21歳未満の職業運転手が州境を越えて運転することが法律で禁じられており，それは18歳くらいで高校を卒業したばかりの求職者にとって魅力がない。さらに，大型車を運転するための免許を取るためには3,000～7,000ドルかかり，これが，トラック運転手になる若者がほとんどいない理由の1つである。

アメリカでは，女性労働者は全職業における労働者の約47.4％を占めている。女性のトラック運転手は何人いるのだろうか。運送業界では，女性のバス運転手の割合は45.5％で，女性のタクシー運転手の割合はこの数の3分の1未満にまで減少するが，これは女性のトラック運転手の割合の2倍よりも多い。男性のトラック運転手と比べ，女性のトラック運転手の方が一般的により安全運転をし，よりきちんと交通規則を守り，より上手に他人とコミュニケーションをとる。言い換えれば，女性のトラック運転手の数を増やすことはトラック運転手の不足を解消する1つの鍵なのである。しかしながら，そうするためには，トラック運転手という仕事を，女性にとってより魅力的なものにすることが不可欠である。これは，この仕事は危険で，不規則な生活スタイルになり，孤独であり，その結果，多くの労働者が退職しているからである。

この問題を解消するもう1つの重要な要素は自動運転車の導入である。高速道路には障害物がほとんどなく，貨物は乗り心地について文句を言わないので，トラックによる貨物輸送は自動運転に適している。アメリカの運送業界は早急に対策を講じるべきである。

| Words & Phrases |

□ be faced with ～　～に直面する
□ account for ～　～を占める
□ freight 图 貨物
□ be equal to ～　～に等しい
□ domestic 形 国内の
□ rely on ～　～に頼る
□ occupation 图 職業
□ complain about ～　～について不満を言う
□ 問1 ② have nothing to do with ～　～とは何も関係がない

第3章 ハイスコア模試解説

3 | ハイスコア模試解説

■第1問A

解答

問1 ③　問2 ④

解説

問1 「オデオンとパラディソの両方が ［　1　］ を提供する。」

① 「学生割引」

② 「安いオンラインチケット」

③ 「さまざまな種類の席」

④ 「さまざまな言語での映画」

　オデオンとパラディソの説明から，選択肢に当てはまるものを探す。オデオンの説明 <u>The luxury seating area</u> is not included in the discount plans.（<u>高級座席の区域</u>は割引プランに含まれません。）から，<u>通常席と高級席があると</u>考えられる。また，パラディソの説明 3D movie screen cinema features <u>comfortable sofa seats</u>.（3D スクリーンは<u>快適なソファー席</u>を呼び物にしています。）から，<u>3D スクリーンとそれ以外のスクリーンでは座席が異なると</u>わかる。したがって，③が正解。①の学生割引はオデオンのみ，②のチケットのオンライン購入による割引はパラディソのみ，④はどちらの映画館にも該当しないので不正解。

問2 「直接チケットを購入し，家族と軽食をとりたいなら，最適の映画館は ［　2　］ だ。」

① 「シティスクリーン」

② 「オデオン」

③ 「パラディソ」

④ 「ショーケース」

　まず，軽食をとることができる映画館を探す。シティスクリーンには <u>There

is a restaurant and bar in the evenings. (夜はレストランとバーがあります。), ショーケースには "Rock 'n' Roll", their 50's-themed coffee shop, is open all day. (50年代をテーマにしたコーヒーショップ『ロックンロール』は終日営業しています。) とある。次に，この2館で直接チケットを購入できるか確認する。シティスクリーンには Tickets are only for sale online. (チケットはオンライン販売のみです。) と書かれているが，ショーケースは Tickets are available only from the theater ticket office. (チケットは劇場切符売り場のみで入手できます。) とある。したがって，正解は④の「ショーケース」である。

和訳

あなたは家族と休暇中で，映画を見たいと考えています。近くに映画館がいくつかあります。 あなたは，この市にある4つの映画館の評価を掲載したウェブサイトを見つけます。

映画館に関する情報	
オデオン	**シティスクリーン**
●平日は20%の学生割引 ●金曜日は全カップルが20%引きのカップルデー。 ●高級座席の区域は割引プランに含まれません。	●英語と外国語のさまざまな映画を上映 ●夜はレストランとバーがあります。 ●チケットはオンライン販売のみです。
パラディソ	**ショーケース**
●12スクリーン（24時間営業スクリーン1つを含む）の複合型映画館 ●3Dスクリーンは快適なソファー席を呼び物にしています。 ●ウェブページからの注文で10%引きのチケット	●毎週水曜日は半額デー ●チケットは劇場切符売り場でのみ入手できます。 ●50年代をテーマにしたコーヒーショップ『ロックンロール』は終日営業しています。

Words & Phrases

□ a range of ～　さまざまな ～
□ feature 他 ～を呼び物とする
□ rock 'n' roll　ロックンロール
□ 問2　in person　直接会って

■第1問B

解答

問1 ②　**問2** ④　**問3** ②

解説

問1「MSC の情報によると，この運動会は｜ 3 ｜。」
① 「すでに 30 回より多く行われた」
② 「参加者が増加している」
③ 「3 日に行われる予定だ」
④ 「体力年齢を確認するために開催される」

　「MSC からのお知らせ」の第 3 文に，「ここ数年で，参加者数が増加している」と述べられている。したがって，②が正解。広告のタイトルから，今回が 28 回目の開催だとわかるので，①は誤り。日時を確認すると，申込期限が10 月 3 日，開催日は 10 月 10 日だということがわかるので，③は誤り。体力年齢については「MSC からのお知らせ」の第 2 文に記載があるが，運動会で測定されるとは書かれていないので，④は誤り。

問2「各種目の情報から，あなたは｜ 4 ｜ということを知ることができる。」
① 「天候にかかわらず全種目が行われる」
② 「カンザス総合体育館には 3 つの球技場がある」
③ 「参加者が自分の靴を持って行かなければならない」
④ 「参加人数が限られている」

　種目表の備考欄を確認すると，すべての種目において参加人数が決められて

いることがわかる。したがって，④が正解。種目表のすぐ上に，「大雨の場合は中止」とあるので，①は誤り。それぞれの種目の場所を確認すると，球技場は第2までしか記載がないので，球技場が3つあるかどうかは不明。したがって，②は誤り。サッカーの備考欄には「スパイクは貸し出す」とあるので，③は誤り。

問3 「この運動会に参加したい人は　5　。」
① 「好きなものを何でも無料で飲むことができる」
② 「オンラインでのみ申し込むことができる」
③ 「最初に MSC に電話をかけなければならない」
④ 「お金を支払わなければならない」
　種目表の上にある説明の第1文から，この運動会はオンライン申し込みのみだということがわかる。したがって，②が正解。①と③はまったく述べられていないので誤り。日時，場所，参加資格の下に，「費用：無料」と書かれているので，④は誤り。

| 和訳 |

　あなたは自分の市の秋季運動会についての広告を見つけた。あなたはまさに今，それを読んでいる。

第 28 回メリッサ秋季運動会

MSC（メリッサスポーツ委員会）からのお知らせ
当運動会は下記日程で開催されます。私たちの最新の統計で，当市の体力年齢は全国平均よりも8歳若いということが示されました。ここ数年で，参加者数が増加しています。私たちは皆さんのご参加を心よりお待ちしております。

日時：10 月 10 日（日）午前 9 時～午後 5 時
場所：カンザス総合体育館
参加資格：メリッサ市民
費用：無料
申し込み期限：10 月 3 日（日）午後 9 時まで

オンライン申し込みのみです。http://www.melissa-kansas-msc.gov にアクセスし，必要な情報を入力してください。屋外種目は小雨でも行いますが，大雨の場合は中止となります。

種目	場所	備考
野球	第1球技場	・先着 36 名のみ ・グローブとスパイクはご持参ください。
サッカー	第2球技場	・先着 44 名のみ ・スパイクはお貸しします。
バスケットボール	体育館	・先着 40 名のみ ・バスケットシューズはご持参ください。
1万メートル走	陸上競技場	・先着 60 名のみ ・スパイクはご持参ください。

備考

熱中症を避けるため，十分な水分と塩分をおとりください。気分が悪く感じたら，すぐに休んでください。運動会を楽しみましょう！

Words & Phrases

- □ latest 形 最新の
- □ physical 形 身体の
- □ participant 名 参加者
- □ make sure to do 確実に…する
- □ avoid 他 〜を避ける
- □ heatstroke 名 熱中症
- □ take a break 休憩する
- □ right away すぐに
- □ 問3 ① whatever 名 何でも

■第2問A

問1 ⑤ 問2 ④ 問3 ③ 問4 ③ 問5 ③

解説

問1 「学生用ハブについて述べられている2つのことは ▢6▢ である。」

A「オープンして3年経つ」

B「1日24時間開いている」

C「建物は2つの階がある」

D「テイクアウト用の食べ物を買うことができる」

E「建物でコンサートを聞くことができる」

① 「AとB」

② 「AとC」

③ 「BとC」

④ 「BとD」

⑤ 「CとD」

⑥ 「CとE」

Student Union Shop 第1文 The shop is in the basement of the Hub.（店舗はハブの地階にあります。）および **Travel Centre** 第1文 The student travel centre can be found on the ground floor（学生旅行センターは1階にあります）から，建物には地階と1階の2つの階があるとわかるので，Cが正しい。**Student Union Shop** 第3文 The shop also carries a small range of food items（少しの種類ですが食料品も扱っています）やその具体的な内容にサンドイッチがあることから，テイクアウトできる食品も売っていると考えられるので，Dも正しい。したがって，⑤が正解。

What We Do 第1文に Our new Hub opened last year.（私たちの新しいハブは昨年オープンしました。）とあるので，Aは正しくない。電話相談サービスを24時間行っているが，学生用ハブそのものが「24時間開いている」という記述はないのでBも正しくない。**Comments from Past Students** の1つ目に Just wish it had a concert hall.（ただ，コンサートホールがあればいいな

と思います。）という願望が書かれていることから，実際にはないと考えられるので E も正しくない。

問2 「地下エリアで　7　を買うことはできそうにない。」
① 「お菓子」
② 「T シャツ」
③ 「ペンと鉛筆」
④ 「教科書」

　Student Union Shop 第 1 文 <u>The shop is in the basement of the Hub.</u>（店舗はハブの地階にあります。）から，地下エリアには店があるとわかる。また，販売しているものは第 2 文 You can purchase <u>stationery and sports equipment</u> here, as well as a range of <u>clothing and accessories</u> …（ここでは<u>文房具やスポーツ用品</u>，…さまざまな<u>衣類やアクセサリー</u>も購入することができます）および第 3 文 The shop also carries a small range of <u>food items</u>（少しの種類ですが<u>食料品</u>も扱っています）と書かれている。この中に含まれない ④「教科書」が正解。

問3 「安い旅行チケットを予約したい学生は　8　べきだ。」
① 「オンラインでチケットを申し込む」
② 「バスチケットを団体で買う」
③ 「午後に 1 階へ来る」
④ 「1 ヵ月前に旅行センターへ行く」

　安い旅行チケットに関しては，**Travel Centre** の第 2 文に <u>You can buy discounted bus and train tickets and there are group discounts for overseas travel and accommodation.</u>（バスや電車の<u>割引</u>チケットを購入でき，海外旅行や宿泊の団体割引もあります。）とある。この<u>割引</u>チケットを購入できる場所と時間が，第 1 文に <u>The student travel centre can be found on the ground floor and is open from 1pm to 5pm on weekdays.</u>（学生旅行センターは 1 階にあり，平日の午後 1 時から 5 時まで開いています。）と書かれている。「1 階にあり」「午後に営業している」センターに行けばよいのだから，③が正解。
　オンラインでのチケット申し込みについては書かれていないので①は不正

解。バスは団体でなくても割引されるので②も不正解。「1ヵ月前に」とも書かれていないので④も不正解。

問4 「この大学で昼食代を節約したいなら [9] べきだ。」
① 「割引の食事チケットを買う」
② 「カフェで食べ物を買う」
③ 「割引価格で3品目を選ぶ」
④ 「電話で注文する」

　食事については **Student Union Shop** 第3文に The shop also carries a small range of food items, including our ever-popular lunch sandwiches, and the "Big 3 meal deal" (sandwich, crisps and a drink cost less when you buy them together). （また，ずっと人気がある昼食用サンドイッチや，「ビッグ3・お得な食事セット」（サンドイッチ，ポテトチップス，飲み物を一緒に買うと安くなる）を含む，少しの種類ですが食料品も扱っています。）と書かれている。「ビッグ3」に着目する。3品目をまとめて買うと割引価格で購入でき，昼食代が節約できる「お得なセット」だから，③が正解。

　①「割引の食事チケット」，④「電話注文」に関する記述はないので，どちらも不正解。また，カフェの食べ物すべてが安いわけではないので②も不正解。

問5 「過去の学生が述べた**事実**は [10] ということである。」
① 「大学での食事は高い」
② 「古い建物の方がよい施設があった」
③ 「部屋の予約にはさまざまな選択肢がある」
④ 「よい就職のアドバイスが得られる」

　Comments from Past Students の項で述べられている「事実」は何かを答える問題。他の部分に書かれていることや，個人の主観の入った「意見」を述べているものは不適当である。

　3つ目のコメント第2・3文に Go directly to the centre (not website) if you want to choose the best rooms in the guest centre. You can't choose a room online. （ゲストセンターで一番よい部屋を選びたいなら，（ウェブサイ

トではなく）直接旅行センターに行ってください。オンラインでは部屋を選べません。）とある。ここには，部屋の予約方法が，直接とオンラインの2つの選択肢があるという事実が書かれている。したがって③が正解。

①は2つ目のコメント，④は4つ目のコメントに書かれた，学生の主観に基づく感想なので不正解。1つ目のコメントの感想によると「古い学生会館より改善した」とあり，内容に誤りがあるが，いずれにせよ「意見」なので，②も不正解。

 和訳

A あなたは英国の大学で1年間のコースを受講することを希望しています。たくさんの友人を作りたいと考えており，各大学の社交の場に興味があります。この大学の新しい学生センターは魅力的に思えます。

学生用ハブの使用について
この大学の学生はみんな歓迎します！

※入口のスタッフに学生証を提示してください。

私たちがしていること

　私たちの新しいハブは昨年オープンしました。就職・キャリアライブラリーの他，広い学習ラウンジやアドバイスセンターもあります。何か問題がある場合は，支援相談サービス（24時間対応の電話相談サービスを含む）を提供しています。テラスカフェでは飲み物と軽食を入手でき，多くの学生がここで自由時間を過ごしています。

学生自治会ショップ

　店舗はハブの地階にあります。ここでは文房具やスポーツ用品，大学のロゴやカラーを使ったさまざまな衣類や

アクセサリーも購入することができます。また，ずっと人気がある昼食用サンドイッチや，「ビッグ3・お得な食事セット」（サンドイッチ，ポテトチップス，飲み物を一緒に買うと安くなる）を含む，少しの種類ですが食料品も扱っています。

旅行センター

　学生旅行センターは1階にあり，平日の午後1時から5時まで開いています。バスや電車の割引チケットを購入でき，海外旅行や宿泊の団体割引もあります。大学のキャンパス内のゲストセンターには，来客用の特別宿泊施

設もあり，ここもしくは旅行セン
ターのウェブページからオンライン
で予約することができます。

過去の学生からのコメント

● 3年生の学生として，ハブは古
  い学生自治会館が大いに改善さ
  れたものだと言えます。ただ，
  コンサートホールがあればいい
  なと思います。

● 現代的な建物が大好きです。サン
  ドイッチが素晴らしいですが，学
  生には高いです（村の地元の店に
  はもっと安いのがあります）。カ

フェはたまり場にするのにとても
よい場所です。

● 旅行センターのスタッフは親切で
  すが，限られた営業時間しか営業
  していないということは，混雑す
  るということを意味しています
  （週末は行かないで！）。ゲストセ
  ンターで一番よい部屋を選びたい
  なら，（ウェブサイトではなく）
  直接センターに行ってください。
  オンラインでは部屋を選べません。

● 職業に関するアドバイスは素晴ら
  しいです。すべての学生はここで
  時間を過ごすべきです。

Words & Phrases

□ hub　图（活動などの）拠点
□ lounge　图 ラウンジ，休憩室
□ student union　学生自治会
□ basement　图 地階
□ purchase　他 ～を購入する
□ deal　图 お買い得品
□ crisps　图 ポテトチップス
□ overseas　形 海外の
□ hang out ～　～をたまり場にする

解答

問1　②　問2　②　問3　③　問4　②　問5　④

解説

問1　「2014年の調査は　　11　　ということを示した。」
① 「約80%の家がすでに防犯カメラを設置した」
② 「防犯カメラに録画されることについて不安に感じている人は20%に満たない」
③ 「誰も防犯カメラが自分たちの日々の生活を録画していることに気づいていない」
④ 「防犯カメラの数は駅よりもコンビニの方が多い」

　2014年の調査に関する記述は第1段落第2文～最終文にあり，日本人の81.4%が，防犯カメラがあることによって安心感を得ており，自分が録画される機会が増えても，80.5%が現在の状況が気にならない，という結果が書かれている。ここから，録画されることに対して不安に感じている人は20%よりも少ないと読み取れる。したがって，②が正解。①，③，④はまったく述べられていないので誤り。

問2　「あなたのチームは『もっと多くの防犯カメラが設置されるべきだ』というディベートのトピックを支持する。記事の中で，あなたのチームに役立つ1つの**意見**（事実ではない）は　　12　　ということである。」
① 「警察は犯人が誰かを解明するために防犯カメラを使っている」
② 「防犯カメラはあなたが言っていることが真実であると人々に信じさせることができる」
③ 「あなたは低価格で高品質な映像を見ることができる」
④ 「あなたは人々がどこで何をしているかを見ることができる」

　①は意見ではなく現在の事実であると考えられるので，誤り。第2段落第7，8文では，犯罪者だと誤解された時に防犯カメラを確認することで無罪を証明できるだろうと述べられている。これは根拠が確実なことではなく，投稿

者の意見である。したがって，②が正解。③と④はまったく述べられていないので誤り。

問3 「もう一方のチームはディベートのトピックに反対する。記事の中で，そのチームに役立つ1つの**意見**（事実ではない）は □13□ ということである。」
① 「もし科学技術を活用すれば犯罪は起こらないだろう」
② 「できるだけ高品質の防犯カメラを買うことが大切だ」
③ 「防犯カメラはあなたが自由に行動するのを妨げる」
④ 「あなたは防犯カメラを使うことによって自分のプライバシーを守ることができる」

　選択肢はすべて意見と考えられるが，①は，ディベートのトピック「もっと多くの防犯カメラが設置されるべきだ」に反対する立場に役立つものではないため，誤り。第3段落第3文では，「あなたの行動はより鮮明に録画されてしまい，自由な活動が制約されてしまうだろう」と述べられている。これは事実ではなく，かつディベートのトピックへの反対意見だと言える。したがって，③が正解。②と④はまったく述べられていないので誤り。

問4 「記事の第2段落の，『防犯カメラは社会のデジタルな番人になる可能性がある』とは，それが □14□ という意味である。」
① 「強盗からの攻撃に耐えるのに十分なほど頑丈だ」
② 「犯罪率を下げ，犯罪者を捕まえるのに役立つ」
③ 「あなたのプライバシーを完全に守る」
④ 「人々が録画されていることについて不安を感じるのを防ぐ」

　設問文での引用箇所のあとを読むと，第2段落第2文から，防犯カメラがデジタルな番人だとする理由として，「それによって常に監視されているという環境が作り出されるので，犯罪が起こる可能性を減らす」からだということがわかる。また，同段落第5文では，「防犯ビデオは犯罪者を捕まえるための証拠として使うことができる」と述べられている。したがって，②が正解。①，③，④はまったく述べられていないので誤り。

問 5 「エマ・リーのコメントによると，彼女はシンゴの意見 [15] 。」

① 「に対して特定の意見を持っていない」
② 「に部分的に賛成だ」
③ 「に部分的に反対だ」
④ 「に強く反対だ」

　シンゴの意見は第3段落後半で，防犯カメラによってプライバシーが制限されることについては，ある程度は仕方のないことであり，防犯カメラは個人と社会全体を守ることができると述べている。これに対してエマはコメントで，防犯カメラが至る所にあることで刑務所にいるような気分だと述べている。さらに，たとえ防犯カメラが設置されても犯罪を完全には防げないとも述べており，シンゴの意見に賛同する部分は一切見られないことから，シンゴに強く反対していることがわかる。したがって，④ が正解。

[和訳]

B　あなたの英語の先生は，次の授業で行うディベートの準備に役に立つ記事をあなたにくれた。この記事の一部がコメントの1つとともに，下に示されている。

増加しつつある防犯カメラ

イシハラシンゴの投稿，仙台

2019年2月8日・午前9時14分

今や町の至る所に防犯カメラがあり，それは駅からコンビニまでどこでも見かけることができる。2014年のある調査で，日本人の81.4％が，防犯カメラがあることによってより安心感を得ているということが示された。カメラの数が増加するにつれて，自分が録画される機会はより増加する。しかしながら，その調査によると，80.5％の人が，「今のこのような状況は気にならない」と言った。

防犯カメラは社会のデジタルな番人になる可能性がある。それによって常に監視されているという環境が作り出されるので，犯罪が起こる可能性を減らす。もし強盗をする可能性のある者がカメラの存在に気づいていれば，強盗をしないことにするかもしれない。防犯カメラは人々が罪を犯すのを防ぐのだ。さらに，防犯ビデオは犯罪者を捕まえるための証拠として使うことができる。警察は事件を解決するため

にそれを活用している。また，もしあなたが犯罪者だと誤解された時にそれは役立つだろう。防犯カメラはあなたが無罪であることを証明するだろう。

一方，防犯カメラの数が増えると，自分たちのプライバシーが侵害されると考える人もいる。防犯カメラの性能も向上している。その結果，あなたの行動はより鮮明に録画されてしまい，自由な活動が制約されてしまうだろう。私の意見では，こうしたことはある程度は仕方のないことだと思う。調査が示すように，人々は防犯カメラがある世界に慣れてきている。防犯カメラは個人と社会全体を守ることを可能にすると言うことができる。

12件のコメント
最新
エマ・リー　2019年2月10日・午前11時35分
最近では，どこに行っても防犯カメラを見つけます。プライベートはもうどこにもありません。まるで刑務所にいるような気分です。たとえ防犯カメラが設置されても，犯罪を完全には防ぐことはできません。

Words & Phrases

- □ lower 他 〜を減らす
- □ robber 图 強盗（人）＞ robbery 图 強盗（行為）
- □ criminal 图 犯罪者
- □ prove 他 〜を証明する
- □ innocence 图 無罪；潔白
- □ violate 他 〜を侵害する
- □ behavior 图 行動
- □ restrict 他 〜を制限する
- □ in one's view 〜の意見によれば
- □ make it possible to do …することを可能にする
- □ individual 图 個人
- □ jail 图 刑務所

□ completely　圖 完全に

□ 問1　②　uneasy　圏 不安な；心配な

□ 問3　①　occur　圓 起こる

□ 問4　①　resist　他 〜に耐える

■第3問A

問1　②　問2　①

解説

問1　「ブライアンは　16　。」

① 「午後から掃除を始めた」

② 「最初に浴室を掃除した」

③ 「すべての場所の掃除を終えた」

④ 「正午前に昼食をとった」

　第2段落第2〜4文では，最初に浴室へ行き，掃除したことが述べられている。したがって，②が正解。同段落第4，5文で，浴室の掃除は30分かかり，終わった時刻は12時20分過ぎだと述べられているので，掃除の開始時刻は11時50分過ぎである。よって①は誤り。最終段落で，すべきことをすべて終えたのは母のみで，残りの場所は明日，掃除をする予定だと述べられているので，③は誤り。第2段落最終文から，昼食をとったのは正午を過ぎていたということがわかるので，④は誤り。

問2　「このブログから，あなたは　17　ということがわかった。」

① 「ブライアンが29日にトイレを掃除するだろう」

② 「ブライアンの父がバルコニーの掃除を終えた」

③ 「ブライアンの母がブライアンに父親の手伝いをするように頼んだ」

④ 「庭掃除が日没前に完了した」

　①の「トイレ」，②の「バルコニー」は本文中には見当たらないが，表内に記載がある。トイレの担当はブライアン，バルコニーの担当はブライアンの父

194

である。ここで，ブログの日付と第1段落第2文の today から，大掃除をしたのは28日だということがわかり，第4段落最終文では，残りの場所は明日，つまり29日に掃除をする予定だと述べられている。各担当の完了状況について，第4段落第1文で，「母だけが自分がすべきことをすべて完了した」と述べられていることから，ブライアンと父はそれぞれ掃除が終わっていない分担場所があると考えられる。①の「トイレ」，②の「バルコニー」ともに本文中で完了したという記述はない。よって，どちらも29日に掃除されるだろうということがわかるので，①が正解で，②は誤り。③の「ブライアンに手伝いを頼んだ」，④の「庭掃除」に関する記述はどちらも第3段落にあるが，まずは洗車を終えた父親がブライアンに手伝ってほしいと頼んだと書かれているので，③は誤り。さらに，庭掃除が終わった時にはすでに日が暮れていたと書かれているので，④は誤り。

和訳

あなたは友人のブライアンが書いたブログで次の話を見つけた。

年末の家の大掃除
12月28日（火）

もうすぐ新年がやって来る。僕は今日，朝から夕方まで家の大掃除を手伝った。新年を新しい気持ちで迎えるため，家族全員で家をきれいにした。

僕たちは誰がどこを掃除するかを決め，それを紙に書き留めておいた。僕は最初に浴室へ行った。壁にはかびがたくさんあった。それは30分の奮闘の末，完全に取り除かれた。僕が母に浴室の掃除が終わったと伝えた時，12時20分を過ぎていたので，昼食をとった。

そのあと，僕が次の掃除場所へ移動していたまさにその時，洗車を終えた父が僕に手伝ってほしいと頼んできた。そこで，僕は彼と一緒に庭へ行った。そこには雑草がたくさん生えていたので，僕はそれらを抜いてごみ袋の中に入れた。思ったよりも時間がかかってしまったので，掃除が終わった時にはすでに日が暮れていた。

母だけが自分がすべきことをすべて完了した。今日掃除をしなかった残りの場所は明日，掃除をする予定だ。

■第3問B

解答

問1 ④　**問2** ④　**問3** ③

解説

問1 「話によると，シンジの感情は次の順番で変化した： 18 。」

① 「驚いた → 妬んだ → わくわくした → ストレスを感じた → 満足した」

② 「驚いた → 妬んだ → 満足した → わくわくした → ストレスを感じた」

③ 「驚いた → わくわくした → 妬んだ → 満足した → ストレスを感じた」

④ 「驚いた → わくわくした → ストレスを感じた → 妬んだ → 満足した」

⑤ 「驚いた → ストレスを感じた → わくわくした → 満足した → 妬んだ」

⑥ 「驚いた → ストレスを感じた → 妬んだ → 満足した → わくわくした」

シンジの感情は，第1段落第5文で北京の街の様子に驚く I was astonished，第2段落第4文では，わくわくしている様子がわかる We had a great time there，第3段落第2文では，発音を習得するのに苦労したことでストレスを感じる様子がわかる I had a hard time mastering the pronunciation と，その後，第4文で大学の同級生の才能に嫉妬する I sometimes felt jealous of their talent，第4段落第2文では I feel a sense of fulfillment と変化している。したがって，④が正解。

問2 「10歳から19歳の時，シンジは 19 。」

① 「中国語講師になった」

② 「大学で上級中国語を学んだ」

③ 「南京に旅行した」

196

④ 「自分の中国語の発音を改善しようとした」

　第3段落第1，2文では，シンジは16歳の時に中国語を勉強し始めたが，リスニングとスピーキングが弱く，発音を習得するのに苦労したと述べられている。したがって，④が正解。第4段落第1文より，中国語講師になったのは20代後半なので，①は誤り。第3段落第5文より，上級中国語を学んだのは大学ではなく通訳学校なので，②は誤り。第2段落第1〜3文より，15歳の時に家族旅行で行ったのは南京ではなく上海なので，③は誤り。

問3　「この話から，あなたはシンジが　20　ということがわかった。」
①　「中国語の能力が誰にとっても重要だと信じていた」
②　「香港から日本に戻ったことをいくらか後悔していた」
③　「中国語を勉強し始める前に中国を2回訪れたことがあった」
④　「今30代前半で，他の仕事がしたい」

　第3段落第1文から，シンジが中国語を勉強し始めたのは16歳の時だったことがわかる。また，第1，2段落から，10歳と15歳の時に中国を訪れたこともわかる。したがって，③が正解。第1段落第2文で，中国語の勉強を始めてちょうど20年になると述べられており，勉強を始めた16歳から数えて今は36歳だとわかる。また，「他の仕事がしたい」とも述べられていないので，④は誤り。①と②はまったく述べられていないので誤り。

|和訳|

　あなたはある新聞で次の話を見つけた。

中国と私の人生

ヨシダシンジ（中国語講師）

　私は現在，東京にあるいくつかの大学で中国語講師として働いている。私が中国語の勉強を始めてちょうど20年になる。中国に興味をもつようになった時，私は10歳だった。当時，私は家族と一緒に北京を旅行し，天安門広場や万里の長城などの有名な観光地を訪れた。私は，多くの人々が自転車に乗っている様子や，活気にあふれた町を見て，とても驚いた。その旅行のあと，私は中国についての理解を深

めるため，中国史を取り上げた漫画本を何冊か読んだ。その結果，私はその歴史の概要を把握できただけでなく，複雑で難しい漢字を覚えることもできた。

　私は15歳の時，再び家族と一緒に中国へ旅行する機会があった。旅行の前，父は南京を訪れたいと思っていたのだが，母と私は上海を訪れたいと思っていた。私たちはこのことについて何時間も議論し，母と私の希望がようやく認められた。私たちはそこで素晴らしい時間を過ごした。

　私は高校生だった16歳の時に，中国語を勉強し始めた。私はリスニングとスピーキングの技能が弱く，発音を習得するのに苦労した。私は18歳の時に大学に入学し，アジア史を専攻した。私よりも中国語の能力がはるかに高い同級生が何人かいたので，私は時々彼らの才能に嫉妬した。上級中国語を学ぶため，私は在学中に通訳学校にも通った。大学を卒業してから，私はジャーナリストとして香港で5年間働いた。

　20代後半に日本に戻ってから，私は今の仕事を始めた。中国語を教えることはとても楽しく，私は毎日，充実感を得ている。もし中国語がなければ，私の人生は今頃まったく違うものになっていただろう。

■各段落の要旨

第1段落：中国語講師として働くシンジは，子供の頃から中国を旅行したり，中国史を取り上げた漫画本を読んだりしていた。

第2段落：シンジは15歳の時，家族で上海旅行を楽しんだ。

第3段落：シンジは高校生になってから中国語の勉強を始め，大学卒業後はジャーナリストとして香港で働いた。

第4段落：シンジは20代後半から今の仕事を始め，充実感を得ている。

Words & Phrases

☐ deepen　他　〜を深める
☐ complicated　形　複雑な
☐ approve　他　〜を承認する
☐ pronunciation　名　発音
☐ major in 〜　〜を専攻する

□ jealous 形 嫉妬して

□ fulfillment 名 達成感；充実感

□ 問1 ①〜⑥ envious 形 妬んでいる

□ 問3 ② regret 名 後悔

■第4問

解答

問1 ①　問2 ②　問3 ②　問4 ③　問5 ⎣ 25 ⎦ ④　⎣ 26 ⎦ ②

解説

問1 「フィルのブログによると，訪問者は ⎣ 21 ⎦ ことをしてみるべきだ。」

① 「鳥の写真を撮るつもりなら冬は避ける」

② 「ダンホルムに行く時，鳥にえさをやる」

③ 「午後にエレビーの森に着く」

④ 「自転車を持ってダンホルムの崖を訪ねる」

　フィルのブログ第3段落第3文 winter is not so good for bird photography（冬は鳥の写真撮影にはあまり向いていません）を「鳥の写真を撮るつもりなら冬は避ける」と言い換えた①が正解。②についての記述はないので不正解。また，第2段落第2文に You are most likely to see the deer at Ellerby in the early morning（エレビーでは早朝にシカが見られる可能性が最も高い）とあるので，「午後」に行くよう勧める③も不正解。ダンホルムに自転車を持って行くことも勧めていないので，④も不正解。

問2 「ミシェルが子供連れの家族にダンホルムを勧める理由は，⎣ 22 ⎦ からだ。」

① 「天候の状態に関係なく，すべてのアクティビティが実施される」

② 「そこで子供たちがさまざまな活動を楽しむことができる」

③ 「崖までの坂がとてもゆるやかで歩いて上がりやすい」

④ 「子供たちの面倒を見ることができる人がいる」

ミシェルのブログの第2段落で子供連れの家族について書かれている。ダンホルムについては第3文に But with the beautiful beach at Dunholme, there are plenty of places for kids to create their own adventures, explore or make sandcastles and all these activities are, of course, free.（しかし，ダンホルムには美しい浜辺があるので，子供たちが自分で冒険を生み出したり，探検したり，砂の城を作ったりできる場所がたくさんあり，これらのアクティビティはもちろんすべて無料です。）とある。ダンホルムの浜辺でさまざまなことができるのだから，②が正解。①についてはブログに書かれていない。また，第3段落第3文によると崖を上がるのが大変で，③に一致しない。④はエレビーの森のクラフトの説明なので，これも不正解。

問3　「フィルとミシェルは2人とも　| 23 |　。」
① 「悪天候の時は公園を避ける」
② 「エレビーの森でサイクリングを楽しむ」
③ 「夏の公園を一番勧める」
④ 「同じ日に両方の公園を訪ねるべきだと思う」
　フィルのブログ第3段落第4文に I've had some good shots from the bike trails at Ellerby, too（エレビーの自転車用の小道からもよい場面を撮ったことがあります）とある。ミシェルのブログ第1段落第2文には We tend to take our own bicycles to both parks（私たちは両方の公園に自分の自転車を持って行くことが多く）とある。ここから，2人ともエレビーの森で自転車に乗ったとわかるので，②が正解。ミシェルは第1段落第3文で「雨の日でも問題ない」と書いているので，①は不正解。夏を勧める記述はどちらのブログにもない（フィルのブログでは「冬は鳥の写真撮影にはあまり向いていません」とある）ので③も不正解。フィルは1日で両方の公園を訪ねることができると書いているが，ミシェルのブログ第3段落最終文には cramming them both into one day would be too much（1日に両方を詰め込むのは過剰でしょう＝同じ日に両方の公園を訪ねるべきではない）とあるので，④も不正解。

問4　「風の強い日に未就学児を楽しませたいなら，1つの選択肢は | 24 | ことである。」

① 「森でレンタサイクルを楽しむ」

② 「ツリートップ・ウォークに連れて行く」

③ 「海辺に連れて行く」

④ 「崖の上の散歩道から鳥を見る」

　消去法で「風の強い日に未就学児ができないこと」を考える。ミシェルが挙げた表によると，エレビーの森でサイクリングができるのは over 10 years old（10歳以上）で，①は不正解。また，ミシェルのブログ第1段落最終文から，ツリートップ・ウォークは風の強い日には中止されるとわかるので，②も不正解。フィルのブログ第3段落第2文 it's quite a hike to get up there and not so safe for little ones（そこ〔ダンホルムの崖〕まで登るにはかなりのハイキングが必要で，小さな子供にはあまり安全ではありません）とあり，④も未就学児には無理だと判断できる。海辺については同文中に The beach trails at Dunholme are also smooth（浜辺の小道も平坦です）とあり，天候についての問題点も書かれていないので，③が正解。

問5　「あなたは，お客さんの中に高齢で体力のない人がいるため，午前中に　25　ことにした。また，午後1時頃に海水位が最も低くなるため，翌日は午後に　26　ことにした。」（選択肢①～④から1つずつ選びなさい。）

① 「海辺で乗るために自転車を借りる」

② 「海辺を散歩して会話を楽しむ」

③ 「雨の中，ツリートップ・ウォークに挑戦する」

④ 「シカを見るためにエレビーの森の小道を歩く」

　「高齢で体力がない人」に適した活動を考える。フィルのブログ最終文にあるように，ダンホルムにはレンタサイクルがないので①は除外する。また，ミシェルが挙げた表によると，③「ツリートップ・ウォーク」は中程度のレベルなので，体力がない人には向かない上，第1段落最終文に「強い雨や強風の場合は中止する」とあるので除外する。フィルのブログ第2段落第2文に You are most likely to see the deer at Ellerby in the early morning（エレビーでは早朝にシカが見られる可能性が最も高い）とあるので，午前中の活動として④を選ぶ。また，同段落第1文に If you can get to Dunholme when the sea is going out, that's the best time to see the birds.（海の潮が引いている

時にダンホルムにたどり着くことができれば，それが鳥を見るのに最適な時間
です。）とあり，午後に海水位が低くなる（＝潮が引いている）時に②「海辺
を散歩する」のが最適である。

和訳

　お客さんが海外からあなたの家族を訪ねてきます。ここにいる間に，自然公園へ
彼らを連れて行きたいと考えています。どちらの公園を訪ねるのがよいか決めるた
めに，あなたの地域で最も大きな公園に関する2つのブログを読んでいます。

ダンホルム野生動物公園とエレビー森林公園に出かけての素晴らしい日々

投稿：フィル　2022年1月10日9時45分　フィルズフォトブログ

　最近の旅行の写真があります。移りゆく季節が見えるものを決める（天候も大き
な要因です）ので，私たちは両方の公園に年に数回行きます。
　海の潮が引いている時にダンホルムにたどり着くことができれば，それが鳥を見
るのに最適な時間です。エレビーでは早朝にシカが見られる可能性が最も高いの
で，午後に潮が引くならば，急げば1日で両方の公園に行き，素晴らしい写真を撮
ることができます。さらに広い砂浜を楽しめるでしょう。

餌を食べた後の鳥たち　引き潮　朝食の時間に違いない　崖の上の小道

　両公園にある小道から，一年中素晴らしい写真が撮れます。ダンホルムの崖から
は最高の鳥の写真が撮れますが，そこまで登るにはかなりのハイキングが必要で，
小さな子供にはあまり安全ではありません。また，シカはまだあたりにいますが，
冬は鳥の写真撮影にはあまり向いていません。エレビーの自転車用の小道からもよ
い場面を撮ったことがあります（残念ながら，ダンホルムにはレンタサイクルがあ
りません）。

エレビーの森とダンホルム野生動物公園：訪れるのに素晴らしい場所

投稿：ミシェル　2022年1月19日20時45分

　子供を連れていても一人でのんびりしたい時でも，エレビーの森は誰にでも素晴らしい場所です。私たちは両方の公園に自分の自転車を持って行くことが多く，ダンホルムではサイクリング道の数が限られていますが，エレビーはその埋め合わせをするほどあります。雨の日に訪れても問題がなく，適切な衣類が必要なだけです（しかし，大雨や強風の時は，ツリートップ・ウォークは中止されます）。

エレビー森林公園で体験できるアクティビティ

アクティビティ	難しさ	所要時間	費用
マウンテンバイク用の小道	2つの小道：1つは簡単で，1つは中程度（両方とも10歳以上のサイクリスト向け）	1〜3時間	自転車レンタル：1時間15ドル（自分の自転車であれば無料）
ツリートップ・ウォーク	中程度	2時間	1人35ドル
ハイキング用の小道	3つの小道全部初心者向け	30分，1時間，2時間	無料
森のクラフト	簡単（子供向け）	2時間	10〜50ドル（作りたいものによる）

　エレビーは家族連れにアピールしようとしており，子供向けの森のクラフトは素晴らしいです。ここのよい点は，クラスはプロが運営しているので，子供たちがクラスに出ている間，ママとパパは自分のことができることです。しかし，ダンホルムには美しい浜辺があるので，子供たちが自分で冒険を生み出したり，探検したり，砂の城を作ったりできる場所がたくさんあり，これらのアクティビティはもちろんすべて無料です。

　もしゆっくりと過ごし景色を楽しむ方をより好むなら，どちらの公園も素晴らし

いウォーキング用の小道を提供してくれます。エレビーはマウンテンバイクのイメージがあるにもかかわらず，丘はほとんどなく，どの小道も特に難しくありません。ダンホルムの崖を登るのは難しく，よい健康状態であることが必要ですが，浜辺の小道は平坦です。それぞれの公園を訪ねるのに1日とって，時間をかけるのが最適です（1日に両方を詰め込むのは過剰でしょう）。

Words & Phrases

- [ ] overseas 副 海外に
- [ ] determine 他 ～を決定する
- [ ] factor 名 要因
- [ ] go out （潮が）引く
- [ ] deer 名 シカ
- [ ] get to enjoy ～ ～を楽しむ
- [ ] tide 名 潮流
- [ ] trail 名 小道
- [ ] shot 名 （写真の）場面
- [ ] make up for ～ ～の埋め合わせをする
- [ ] clothing 名 衣類
- [ ] treetop walk ツリートップ・ウォーク（木の梢をつないだ吊り橋の遊歩道歩き）
- [ ] moderate 形 中くらいの
- [ ] craft 名 工芸，クラフト
- [ ] appeal to ～ ～にアピールする
- [ ] image 名 イメージ
- [ ] cram ～ into ... ～を…に詰め込む
- [ ] 問2 ① regardless of ～ ～に関係なく
- [ ] 問2 ③ slope 名 坂

■第5問

解答

問1 | 27 | ⑤ | 28 | ① | 29 | ④ | 30 | ② | 31 | ③

問2 ②-⑥ 問3 ③-⑥ 問4 ③

解説

問1 「あなたの班のメンバーはジョージ橋に起きた重要な出来事を挙げた。その出来事を, | 27 | ～ | 31 | の空欄に起こった順に入れなさい。」

① 「大地震のせいで橋に深刻な被害が出た」

② 「大地震のせいで, 人々は建物や橋が安全かを議論し始めた」

③ 「橋を架け替えることが決定された」

④ 「それは鉄筋コンクリートで架け替えられた」

⑤ 「それは鉄で架け替えられた」

　第1段落最終文に, その橋は1890年に鉄橋として架け替えられたと述べられているので, | 27 | には⑤が入る。第2段落第1, 2文から, 20世紀初めに起きた大地震によって, 橋脚のいくつかが曲がったことがわかるので, | 28 | には①が入る。第3段落第1文に, 「戦後すぐ, ジョージ橋を鉄筋コンクリート製の橋に架け替えることが決定された」と述べられ, 第4文で「2年後, それは完成した」と述べられている。この戦争は, 第2段落から, 20世紀初めに起きた大地震の20年後に起きた戦争であることがわかるので, | 29 | には③か④が入るが, ここに③を入れてしまうと④を入れる場所がなくなってしまうので, | 29 | には④を入れる。第4段落では, 1999年に起きた大地震がきっかけとなって, 2000年頃から, 何年も前に建てられた建物やインフラの老朽化についての懸念が議論され, 人々が家や橋の安全性に関心をもち始めたことが述べられているので, | 30 | には②が入る。第5段落では, ジョージ橋を架け替えるべきだという意見に対し, 何回かの議論の末, 市議会で承認されたことが述べられているので, | 31 | には③が入る。

問2 「ポスターを完成させるのに最適な陳述を選びなさい。」（複数選択可。）

| 32 |

① 「それは鉄筋コンクリートの需要を増やした。」

② 「それは市が戦争から復興したことを意味した。」

③ 「それは軍需物資を運ぶのに不可欠だった。」

④ 「それは爆撃に耐えられるほど丈夫だった。」

⑤ 「それは景気回復の直接的な原因だった。」

⑥ 「それは市民の精神的な支えとなっていた。」

　空所　32　は「戦後」の項にあり，直前に「新しくなった橋は，次の理由で市民にとって重要だった」とあるので，戦後の橋の再建について書かれている第3段落を中心に確認する。①は，第3段落第1文で，鉄筋コンクリート製の橋に架け替えられることが述べられているが，鉄筋コンクリートの需要を増やしたとはまったく述べられていないので誤り。第3段落第4文では，修理された橋は「市民にとって戦争からの復興の象徴となった」と述べられているので，②は正しい。③は，第2段落第4文から，軍需物資を運ぶために使われていたのは戦後ではなく戦時中のことであることがわかるので誤り。④は，第2段落第5, 6文で，橋は何度も爆弾で攻撃され，終戦時には，その橋は非常に悪い状態であったと述べられているので誤り。⑤は，第3段落最終文に，景気が好転したことが述べられているが，橋が原因となったとはまったく述べられていないので誤り。しかし，同じ文で「その橋は彼らの生活を物理的にも精神的にも支えた」と述べられているので，⑥は正しい。したがって，②と⑥が正解。

問3　「ポスターを完成させるのに最適な陳述を選びなさい。」（複数選択可。）
　33

① 「それは人々を後ろ向きな気持ちにさせる。」

② 「それは建築費の値上げにつながってきている。」

③ 「それにはいくつかひびが入っている。」

④ 「それは木でできている。」

⑤ 「それは市民にとってもはや役に立たない。」

⑥ 「それは将来，倒壊するかもしれない。」

　空所　33　は「21世紀のジョージ橋」の項目にあり，直前に「ジョージ橋は次の理由で架け替えの必要がある」とあるので，2000年頃以降の橋の架

け替えについて書かれている第4段落以降を中心に確認する。第5段落第1〜3文で，ジョージ橋にはひびが入っているということが明らかとなり，万が一大地震のような災害が起きてしまうと倒壊する恐れがあるため，ジョージ橋を架け替えるべきだという世論が高まったと述べられている。したがって，③と⑥が正解。①，②，④はまったく述べられていないので誤り。⑤は，第5段落第7文で，ジョージ橋は頻繁に利用されていると述べられているので，現在も市民の役に立っていると考えられるため，誤り。

問4 「空所 ┃ 34 ┃ に入れるのに最適な陳述を選びなさい。」
① 「多くの市民がそれを望んだから」
② 「市には予算がたくさんあるから」
③ 「その工事が人々の妨げにならないように」
④ 「2つの橋がかっこよく見えるように」

　空所 ┃ 34 ┃ は「21世紀のジョージ橋」の項目にあり，「ジョージ橋の隣に別の橋が架けられるのは ┃ 34 ┃ 。」とあるので，別の橋が架けられることが述べられている第5段落を確認する。第5段落第7文には，「ジョージ橋は頻繁に利用される橋なので，人々の日常生活への影響を考慮し，仮の橋がジョージ橋の隣に2カ月以内に架けられる予定だ。」と述べられている。つまり，ジョージ橋の完成まで，人々の生活を妨げないようにすることが別の橋を架ける理由となる。したがって，③が正解。①と④はまったく述べられていないので誤り。②は，第5段落第4文から，市の予算が厳しいことがわかるので誤り。

| 和訳 |

　あなたのグループは，下記の雑誌記事の情報を使って，「ある古い橋の歴史」というタイトルでポスター発表の準備をしている。

　私たちの市にはジョージ橋という名前の古い橋がある。それはスノー山から市の中心部に向かって流れるオーランド川に架かっている。その橋は1750年頃にすでに石橋として存在していたことが記録されている。この橋はかつて多くの人々が主要道路に沿って行き交う重要な場所であった。老朽化と産業革命のために，その橋

は 1890 年に鉄橋として架け替えられた。

　20 世紀初め，ジョージ橋はさまざまな災難に見舞われた。まず，大地震が私たちの市を襲い，橋脚のいくつかが曲がった。それらはのちに修復されたが，その大地震の 20 年後に戦争が起こった。戦時中，この橋は軍需物資を運ぶために使われた。開戦の 3 年後，その橋は何度も爆撃された。終戦時には，その橋は非常に悪い状態にあった。

　戦後すぐ，ジョージ橋を鉄筋コンクリート製の橋に架け替えることが決定された。当時は建築資材が不足していたが，人々は丈夫な橋ができるだけ早く架けられることを期待した。私たちの市は莫大な予算を立て，橋の修理に着手した。2 年後，それは完成し，市民にとって戦争からの復興の象徴となった。そのあと，景気が好転して人々が活力に満ちていた時代において，その橋は彼らの生活を物理的にも精神的にも支えた。

　2000 年頃から，何年も前に建てられた建物やインフラの老朽化についての懸念が議論されている。そのきっかけとなったのはおそらく，市から 100km ほど離れた地域で 1999 年に起こった大地震であった。木造の家だけでなく，一見丈夫そうに見える多くの建物も深刻な被害を受けてしまった。壊れた家や建物を調査した結果，そのほとんどが耐震性に問題があることがわかった。これらの事実から，多くの人々が自分たちの家や，普段使っている建物や橋などの安全性に関心をもつようになったのだ。

　いくつかの調査により，ジョージ橋にはひびが入っているということが明らかになった。万が一大地震のような災害が起きてしまうと，それはきっと倒壊するだろう。そのため，すぐにジョージ橋を架け替えるべきだという世論が高まった。しかしながら，市の予算が厳しいため，一部の人は橋の架け替え案に反対した。何回かの議論の末，ジョージ橋の架け替えが昨日，市議会でようやく承認された。工事は来月にも始まり，3 年で完成する予定だ。ジョージ橋は頻繁に利用される橋なので，人々の日常生活への影響を考慮し，仮の橋がジョージ橋の隣に 2 ヵ月以内に架けられる。人々はジョージ橋の改修を楽しみに待っている。この橋は将来，市の重要な一部として存在し続けるだろう。

ある古い橋の歴史

■ジョージ橋に起きた出来事

時期	出来事
1750 年頃	石橋として存在していた
1890 年	27
1900 年頃	28 ↓ 29
1999 年以降	30 ↓ 31

■戦後

▶建築資材が不足していたにもかかわらず，多額の費用をかけて橋の架け替えが成し遂げられた。

▶新しくなった橋は，次の理由で市民にとって重要だった： 32

■ 21 世紀のジョージ橋

▶ジョージ橋は次の理由で架け替えの必要がある： 33

▶ジョージ橋の隣に別の橋が架けられるのは， 34 。

■各段落の要旨

第 1 段落：ジョージ橋は 1750 年頃から石橋として存在しており，市民にとって重要な場所であった。老朽化と産業革命のため，ジョージ橋は 1890 年に鉄橋として架け替えられた。

第 2 段落：20 世紀になると，ジョージ橋は大地震や戦争などさまざまな災難に見舞われ，状態が悪化した。

第 3 段落：戦後すぐ，ジョージ橋の鉄筋コンクリート製の橋への架け替えが決定された。架け替え工事は 2 年後に完了し，ジョージ橋は戦争からの復興の象徴となった。

第 4, 5 段落：1999 年に起こった大地震がきっかけとなって，2000 年頃から建物やインフラの老朽化についての懸念が議論されるようになり，ジョージ橋の架け替えが決まった。

Words & Phrases

□ exist 自 存在する；実在する；

□ the Industrial Revolution 産業革命

□ military supplies 軍需物資

□ bomb 名 爆弾

□ immediately 副 すぐに

□ budget 名 予算

□ set out to do …し始める

□ recovery 名 復興；回復

□ materially 副 物質的に

□ mentally 副 精神的に

□ trigger 名 きっかけ

□ seemingly 副 見たところでは

□ investigation 名 調査

□ reveal 他 ～を明らかにする

□ collapse 自 崩壊する

□ demand 名 要求；需要

□ in consideration of ～ ～を考慮して

□ temporary 形 一時的な

□ in spite of ～ ～にもかかわらず

□ 問3 ② lead to ～ ～につながる

□ 問3 ⑥ destroy 他 ～を破壊する

問1 ④ 問2 ④ 問3 ② 問4 | 38 | ④ | 39 | ①

解説

問1 「| 35 |に入れるのに，最も適切な選択肢を選びなさい。」
① 「集中できない人」
② 「眠れない人」
③ 「ADHD がある人」
④ 「ADHD がない人」

　neurotypical people という語は，第3段落第1文に neurotypical people without ADHD（ADHD がない定型発達の人）と出てくる。ここから「ADHD がない人」を指すと判断し，④を選ぶ。同じ文から③は不正解。①や②が Neurotypical people の特徴だという記述はないので，どちらも不正解。

問2 「| 36 |に入れるのに最も適した選択肢を選びなさい。」
① 「他の色の音が混じり合ったもの」
② 「音の不規則さ」
③ 「そこから出る音の幅」
④ 「『ブラウン運動』を発見した科学者」

　ブラウンノイズの名前の由来は第2段落第1文に The "brown" in brown noise comes from the term Brownian motion, named after the scientist Robert Brown, who observed the random movement of pollen molecules in water.（ブラウンノイズの「ブラウン」はブラウン運動という言葉に由来しており，科学者ロバート・ブラウンにちなんで名付けられた。彼は水中の花粉分子の不規則な動きを観察した。）と書かれている。ブラウン運動を発見した科学者からとったのだから，④が正解。①～③についてはまったく記述はないので不正解。

問3 「| 37 |に入れるのに最も適切な選択肢を選びなさい。」

① 「ドーパミンを分泌するよう刺激する作用がより大きい」

② 「音の周波数の分布がより規則正しくない」

③ 「他の色よりも大きな音として聞こえる」

④ 「脳の気を散らせるのにより効果的である」

ホワイトノイズとブラウンノイズの違いは，第2段落最終文に <u>it is brown noise, with its stronger low frequency and weaker annoying high frequency sounds compared to white noise,</u> that is now receiving attention.（今注目されているのは，<u>ホワイトノイズに比べて低周波数が強くイライラするような高周波数が弱い，ブラウンノイズだ。</u>）とある。「音の周波数によって強弱が異なり，規則正しくない」のだから，②が正解。①のドーパミン分泌に関連するのはホワイトノイズである。「ブラウンノイズが大きく聞こえる」という記述もないので③も不正解。④については，ホワイトノイズとブラウンノイズは集中力を高めるものと考えられているので，これも不正解。

問4 「 38 と 39 に入れるのに最も適切な選択肢を選びなさい。」

① 「刺激状態のバランス」

② 「よりリスクの少ない方法」

③ 「複雑な脳波が少ないこと」

④ 「邪魔をする思考がより少ないこと」

⑤ 「不規則な周波数の音」

⑥ 「聞くのに適した音量」

38

ブラウンノイズと ADHD がある人の関わりは第6段落に書かれており，第1文に There has been comparatively more research on the effects of noise <u>on the ADHD community, where there are strong theories linking concentration to a physical effect in the brain.</u>（ADHD のコミュニティでは騒音の効果に関する研究が比較的多く行われており，<u>そこでは集中力を脳内の物質的な影響と結び付ける強力な理論がある。</u>）とある。さらに集中力について，最終文に <u>covering the overactive part of the brain with a blanket, allowing concentration to increase</u>（脳の過活動部分を毛布で覆い，集中力を高めることを可能にする）とある。「脳の過活動部分を毛布で覆い」という抽象的な表

現が使われているが，これは第1段落第4文の <u>the sound helps to reduce the number of thoughts that constantly race through our brains</u>（この音は私たちの脳を常に駆け巡る思考の数を減らすのに役立つ）を言い換えたものである。これを「邪魔をする思考がより少ない」とまとめた④が正解。

39

集中力を高めることについて，第4段落に <u>colored noise may activate the brain enough to allow us to focus. This is known as *optimal arousal theory*, helping the brain to find the right balance between low arousal … and high arousal … to concentrate on a task.</u>（色のついたノイズは，私たちが集中できるように，脳を十分に活性化させる可能性がある。これは「最適覚醒理論」として知られ，脳が課題に集中するために，低覚醒…と高覚醒…の間で適切なバランスをとるのを助ける。）と書かれている。さらにブラウンノイズについて，第6段落最終文に <u>covering the overactive part of the brain with a blanket, allowing concentration to increase</u>（脳の過活動部分を毛布で覆い，集中力を高めることを可能にする）とある。つまりブラウンノイズが，脳の刺激を受けすぎたり刺激が少なかったりする状態のバランスをとるのだから，①が正解。

和訳

A　あなたの学習グループは，「ブラウンノイズ」について発表をしますが，それは最近ストリーミング・サイトで流行しています。あなたは共有したい記事を見つけました。次回のミーティングのために，要約メモを完成させなさい。

ブラウンノイズとは何か，それはどのように私たちに役立つのか？

①　ある人は，それを窓の外の激しい雨音の落ち着く音だと考えたり，長距離のフライト中だと想像したりする。また，浜辺にぶつかる波の音を思い浮かべる人もいる。ブラウンノイズはインターネット上の現象で，12時間録音されたものが人気のあるあらゆるストリーミング・サイトで視聴できる。これらのトラックは，集中するのを助ける方法として ADHD のコミュニティで特に人気があるが，多くの人が，この音は私たちの脳を常に駆け巡る思考の数を減らすのに役立つと言っている。現

在，ホワイト，ピンク，グリーン，バイオレットが不規則雑音を言い表す言葉として使われているが，最も注目を集めているのはブラウンノイズだ。

② ブラウンノイズの「ブラウン」はブラウン運動という言葉に由来しており，科学者ロバート・ブラウンにちなんで名付けられた。彼は水中の花粉分子の不規則な動きを観察した。人間はある一定範囲の可聴周波数しか聞くことができない。これらの周波数がすべて同時に不規則に流れると，チューニングされていないテレビのような雑音が聞こえる。これがホワイトノイズで，泣いている赤ちゃんを落ち着かせる効果があることを親は知っている。しかし，人間の脳は高い周波数をより大きく聞くため，ホワイトノイズの音は耳障りで不愉快になる可能性がある。ピンクノイズやグリーンノイズ（他にもたくさんある）では，特定の周波数が増えたり減ったりするが，今注目されているのは，ホワイトノイズに比べて低周波数がより強くイライラするような高周波数がより弱い，ブラウンノイズだ。

③ 特別支援教育の団体でも，ADHD がない定型発達の人のグループでも，テスト勉強をしている学生から，ストレスを減らしたり集中力を高めたりしたい忙しい大人まで，この分野への関心が高まっている。多くのウェブサイトは，ブラウンノイズは睡眠を改善することができると主張し，これが 12 時間録音したものが出回っている理由だ。一晩中かけるのだ。

④ 私たちは通常，同時に多くの思考を生み出していて，色のついたノイズは，私たちが集中できるように，脳を十分に活性化させる可能性がある。これは「最適覚醒理論」として知られ，脳が課題に集中するために，低覚醒（眠気を感じる）と高覚醒（不安や興奮を感じる）の間で適切なバランスをとるのを助ける。

⑤ しかし，定型発達の人の場合，不規則なノイズがバックグラウンド・ノイズを覆い隠しているだけで，あまり気が散らないということかもしれない。ある小規模な研究では，ピンクノイズを聞きながら寝ている人を観察したところ，複雑な脳波がより少なく，より深く眠っていると示した。しかし，長期的な継続研究が必要である。ある科学者が言ったように，ノイズは深いレベルの睡眠に役立つかもしれないが，それは単に外の道路からの怒号や隣人の出す音を遮断する効果があるだけかもしれない。

⑥ ADHD のコミュニティではノイズの効果に関する研究が比較的多く行われており，そこでは集中力を脳内の物質的な影響と結び付ける強力な理論がある。読字困難な子供に関する研究では，テスト中にホワイトノイズを聞くことで，成績がよく

なることがあると示されている。ADHD の人は，脳内のドーパミンのレベルが低いため，落ち着きがなく，気が散りやすくなる。前頭葉は基本的に，ドーパミンの分泌を増やすために，より高いレベルの刺激を探し求める。ブラウンノイズの効果の背後にある理論は，音が脳に必要な気分転換を与え，実質的に，脳の過活動部分を毛布で覆い，集中力を高めることを可能にするというものである。

⑦　この理論は問題ないが，ブラウンノイズと集中力，リラックスすること，睡眠との関連性が証明されたと言えるようになるには，ずっと多くの研究と調査が必要だ。科学者たちは，聴力にダメージを与える可能性があるため，どんなノイズでも長時間，大音量で聞くことの危険性をすぐに指摘する。しかし，ブラウンノイズを聞くことは危険性が少ない方法だとほとんどの人が感じている。これらのすべての不規則なノイズがよく似た効果を持つため，ブラウンノイズ自体は魔法の鍵ではないかもしれないが，もし自分に効果があるものを見つけ，その音量を常識的なレベルに保てば，それは実に素晴らしいことだ。

あなたの要約メモ：
　　　　ブラウンノイズとは何か，どのような効果があるのか？

重要な単語
定型発達の人々： 　35　
ドーパミン：気分を調整するのに役立つ
前頭葉：脳内のドーパミンの中心地

ブラウンノイズの特質
・名称は 　36　 に由来する。
・リラックスした気分になる：飛行機に乗っているような／暴風雨を聞いているような，など。
・ 　37　 からホワイトノイズとは異なる。
・番組構成で最大 12 時間流すことが可能。

効果と理論

効果	理論
ADHD の人の集中力を高めた	38 を可能にすることで脳に影響を与える
よりよい睡眠	他の音を覆い隠す可能性がある
より高いレベルの集中	人々が 39 を見つけるのに役立つ

Words & Phrases

☐ summary ❘图 要約

☐ phenomenon ❘图 現象

☐ track ❘图 トラック（音楽の単位）

☐ assist with ～ ～を支援する

☐ concentration ❘图 集中

☐ constantly 副 常に

☐ race through ～ ～を駆け巡る

☐ motion ❘图 運動

☐ observe 他 ～を観察する

☐ movement ❘图 動き

☐ pollen ❘图 花粉

☐ molecule ❘图 分子

☐ sound frequency 可聴周波数

☐ harsh 形 耳障りな

☐ neurotypical 形 定型発達の

☐ increase one's focus 集中力を高める

☐ claim 他 ～と主張する

☐ arousal ❘图 覚醒

☐ theory ❘图 理論

☐ balance ❘图 バランス

☐ task ❘图 課題

□ distract 他 ～の気を散らす

□ monitor 他 ～を観察する

□ complex 形 複雑な

□ roar 图 怒号

□ physical 形 身体的な，物質的な

□ frontal cortex 图 前頭葉

□ production 图 産出

□ in effect 実質的に

□ point out ～ ～を指摘する

□ low-risk 形 リスクの低い

□ strategy 图 方法

□ regulate 他 ～を調整する

□ format 图（番組などの）構成

□ affect 他 ～に影響を与える

□ 問2 ① mixture 图 混じり合い

□ 問3 ① stimulate 他 ～を刺激する

□ 問3 ② even 形 規則正しい

□ 問3 ② distribution 图 分布

□ 問3 ④ effective 形 効果的な

□ 問4 ① state 图 状態

□ 問4 ④ interfere 他 ～の邪魔をする

■第6問B

解答

問1 ④ 問2 | 41 | ④ | 42 | ① 問3 ②−⑥

解説

問1 「ポスターの最初の表題の下で，あなたのグループは海藻の養殖がなぜ極めて重要な資源となり得るのか，主要な理由を紹介したい。次のうち，最も適切なものはどれか。」 | 40 |

① 「海藻からすでにバイオ燃料を生産することができ，それは人々の生活を向上させるエネルギーを供給できる。」

② 「海藻の養殖に基づいたバイオテクノロジーにより，食用海藻種の数を増やすことができる。」

③ 「人口増加に向けて，食糧生産を増やすための肥料の生産に使用できる。」

④ 「環境に配慮した方法で，海から得るカロリーや栄養の幅を広げることができる。」

海藻の資源としての意味について，記事の最終段落で As <u>a healthy and natural source of calories, natural vitamins and minerals</u>, and with <u>a more positive environmental impact</u> than traditional land-based farming, it is easy to see why <u>seaweed production boasts the fastest expansion</u> (8% per year) of all new food markets.（<u>健康的で自然なカロリー，天然のビタミンやミネラルの源</u>として，従来の陸上農業よりも<u>環境により有益な影響を与えるもの</u>として，なぜ<u>海藻の生産が</u>すべての新しい食品市場の中で<u>最も速い拡大</u>（年率8％）<u>を誇っている</u>のかが容易にわかる。）と書かれている。この内容を簡潔にまとめた④が正解。①に書かれている「バイオ燃料」はまだ研究段階であり，不正解。また，バイオテクノロジーの働きとして，②の内容は書かれていないので不正解。海藻から肥料を作ることは書かれているが，目的は書かれていないので，③も不正解。

問2 「あなたは様々な食用海藻の説明を書くように依頼された。 41 と 42 に入れるのに最も適切な選択肢を選びなさい。」

ワカメ 41

① 「ピリッとした，辛子のような味」

② 「養殖に費用がかかる」

③ 「カロリーと脂肪酸が高い」

④ 「ダイエット中の人に人気がある」

ワカメの説明は第3段落にある。第5文に <u>has gained popularity in the west as a healthy food because it helps burn fat</u>（脂肪燃焼を助けるので，西洋では健康食品として人気を得ている）と書かれている。healthy food（健康食品）として<u>食べる目的は脂肪燃焼すること</u>なので，④「ダイエット中の人

に人気がある」と考えられる。

ダルス　　42

① 「北大西洋の沿岸」
② 「海洋哺乳類の餌場」
③ 「世界のほとんどあらゆる場所で」
④ 「海岸線に非常に近い場所で」

　ダルスの説明は第4段落にあり，第4文に which grows on the coasts of the North Atlantic and Pacific Oceans（北大西洋と太平洋の沿岸に生育する）と書かれている。これに当てはまるのは①である。

問3　「あなたは共通の特徴や性質を持ついくつかの海藻について発表をする。記事によると，次のうち適切なもの2つはどれか。（順不同）」　43　44

① 「マコンブ，ワカメ，ヒジキは異なる種のコンブ類である。」
② 「ヒジキとリボンアオサは，場合によると人の健康に危険である。」
③ 「アマノリやウップルイノリの種は，パンの上にのせて焼くのが一般的である。」
④ 「英語でダルスやアイリッシュモスとして知られる種は，スープによく使われる紅藻類である。」
⑤ 「リボンアオサとアマノリは，日本料理で海苔を作るのに使われる。」
⑥ 「ワカメとマコンブは，海の中で森のように群生している。」

　第3段落最終文のヒジキの説明に it can also contain high levels of arsenic (a poisonous substance)（高濃度のヒ素（毒物）も含むことがある），第5段落最終文のリボンアオサの説明に can become contaminated with heavy metals（重金属に汚染されている可能性がある）と書かれている。この2つは健康に害を与える可能性があるので，②が正解。

　第3段落第1文に Brown algae in the order Laminariales, commonly known as kelp, grow close together in underwater "forests"（コンブ目の褐藻類は，一般にコンブ類として知られているが，水中の『森』に密集して育つ）と書いてある。さらに，コンブ類の具体例としてマコンブとワカメを挙げているので，⑥も正解。

第3段落によると，ヒジキはコンブ類ではないなので，①は不正解。「パンにのせて焼く」海藻の記述はないので③も不正解。ダルスとアイリッシュモスの説明は第4段落にある。ダルスはスープに使うが，アイリッシュモスは別の用途で使うので，④も不正解。また，リボンアオサは海苔ではなく青のりの材料で，⑤も不正解。

　あなたは，代替の農業や食糧生産に関するプレゼンテーションに参加するため，ポスターを準備しています。あなたのテーマは「海の利用拡大」です。あなたはポスターを作成するために以下の記事を使用しています。

海藻
―波の下にある注目に値する資源―

①　人類がより持続可能な農業を求めて海の方へ目を向けるにつれて，「青い革命」が起こり始めている。海藻の養殖は環境へのリスクを最小限にして実行することができ，いくつかのバイオテクノロジー企業がこの資源を利用しようとし始めている。新たに生まれた海藻由来の製品の例には，実験室で微生物を培養するためのアガーゼリー，すなわち寒天を原料にした製品や，植物の成長をよくする海藻由来のバイオ肥料や，（これはまだ研究段階だが）自動車に動力を供給するバイオ燃料の開発の可能性などがある。しかし，最も可能性があるとみられているのは，海藻からの食品生産の分野である。

　図1は一般的に食べられている海藻をいくつか示す。

図1.

1　マコンブ	2　ワカメ	3　アマノリ類	4　ダルス
5　ヒジキ	6　コンドラスクリスパス		7　リボンアオサ

②　海藻として知られる大型藻類は，通常，生育する深さによって赤色，緑色，茶色に分類され，海岸に最も近いのが緑藻，最も深い場所にあるのが紅藻，その間にあるのが褐藻とされている。大型藻類はしばしば東アジアの料理法と関連があり，例えば，比較的最近まで日本の食事のほぼ10％を占めていたが，世界の他の多くの

地域でも消費されている。

③　コンブ目の褐藻類は，一般にコンブ類として知られているが，水中の『森』に密集して育ち，いくつかの種は重要な食料源である。マコンブは，日本語では*昆布*と呼ばれるが，魚や肉料理の味付けに使われたり，野菜として食べられたりするように，乾燥させて短冊状にされる。ソースやスープに加えるために粉末にすることもでき，和食，中国料理の両方で重要な食材である。別のコンブ類，日本ではわかめ，中国ではチィンダァイツァイとして知られるワカメは，より柔らかい食感で，主にスープやサラダに使われる（英語名は海の辛子）。日本では最も大量に消費される海藻で，脂肪燃焼を助けるので，西洋では健康食品として人気を得ている。ここで最後に紹介する褐藻類は，コンブ類ではないが，学名 *Sargassum fusiforme* である。ヒジキとして知られ，日本では野菜や魚と一緒に食べられ，中国ではチャーハンや麺料理に加えられる，アジア料理で人気の食材だ。カルシウムやマグネシウムのようなミネラルを多く含み，高濃度のヒ素（毒物）も含むことがあり，大量に食べることを警告する国もある。

④　アマノリ属の種は紅藻類に属し，ノリとして知られている。アマノリ類はイギリス諸島では何世紀にも渡って食べられており，そこではレイヴァーブレッドと呼ばれる乾燥片（塊）で売られ，肉や魚と一緒に食べられたり，スープにされたりしている。ノリはアジアでもよく食べられており，そこではよく似たウップルイノリ属の種は日本語では海苔，韓国語ではキム／ギムと呼ばれ，薄板状で提供され，一般にご飯を包むのに使われる。ダルス（学名 *Palmaria palmata*）は，北大西洋と太平洋の沿岸に生育する，また別の紅藻類である。私たちの食生活に重要なタンパク質やヨウ素を高い割合で含む革のような海藻だ。おやつとして食べられるが，ほとんどの場合，乾燥させて粉末にし，パンを作るための小麦粉やスープに加えられる。また，調味料として，また時には動物の餌にも使われる。ここで最後に言及する紅藻は，時にはアイリッシュモス（アイルランドのコケ）と呼ばれるコンドラスクリスパスだ。このパセリの形をした海藻は，アイスクリームの粘度を高めるために使われる複合糖類，カラギーナンの素である。

⑤　最後に，海岸近くで見つかる緑藻類のリボンアオサがある。海のレタス（lactuca はレタスを表すラテン語）または青海苔（日本語ではあおさ）として知られており，ヨーロッパ，北米，日本で消費されており，生でもスープに入れても食べられている。タンパク質や繊維含有物を多く含むので，健康食品として人気があ

るが，重金属に汚染されている可能性があるため，注意深く調達しなければならない。

⑥　健康的で自然なカロリー，天然のビタミンやミネラルの源として，従来の陸上農業よりも環境によりプラスの影響を与えるものとして，なぜ海藻の生産がすべての新しい食品市場の中で最も速い拡大（年率8％）を誇っているのかが容易にわかる。

発表ポスターの草稿：

未来への資源としての海藻

なぜ海藻が極めて重要な資源になり得るのか：
　　40

さまざまな種類の海藻の概要

海藻の種類	説明	活用法と価値
ワカメ	より柔らかい食感の褐色の大型藻類	スープやサラダ；　41
ダルス	紅色の種で　42　で見つかる	粉末にするか，おやつとして食べる
リボンアオサ	緑色大型藻類，時々海のレタスと呼ばれる	主にサラダとしてだが，スープに使用することもできる

共通の特徴や性質を持つ海藻
　　43
　　44

Words & Phrases

□ alternative　形 代わりの

□ production　名 生産

□ theme　名 テーマ

□ expand　他 〜を拡大する

☐ seaweed 　图 海藻

☐ remarkable 　形 注目に値する

☐ resource 　图 資源

☐ beneath 　前 ～の真下に

☐ revolution 　图 革命

☐ take place 　起こる

☐ sustainable 　形 持続可能な

☐ cultivation 　图 養殖

☐ minimal 　形 最小限の

☐ emerging 　形 新たに生まれた

☐ production 　图 製品

☐ microorganisms 　图 微生物

☐ biofertilizer 　图 バイオ肥料

☐ potential 　图 可能性

☐ commonly 　副 一般に

☐ classify 　他 ～を分類する

☐ algae 　图 藻類

☐ be associated with ～ 　～と関連がある

☐ relatively 　副 比較的

☐ consume 　他 ～を消費する

☐ order 　图 ［生物学類の］目（もく）

☐ species 　图 種

☐ source 　图 源

☐ strip 　图 短冊（状のもの）

☐ texture 　图 食感

☐ primarily 　副 主に

☐ mustard 　图 辛子

☐ popularity 　图 人気

☐ poisonous substance 　毒物

☐ caution against～ 　～に対して警告する

☐ genus 　图 ［生物学類の］属

- □ belong to ～ 　～に属する
- □ lump 　图 塊
- □ protein 　图 タンパク質
- □ flavor enhancer 　調味料
- □ complex sugar 　複合糖類
- □ fiber content 　繊維含有物
- □ contaminated 　形 汚染された
- □ vitamin 　形 ビタミン
- □ impact 　图 影響
- □ boast 　他 ～を誇りにする
- □ expansion 　图 拡大
- □ draft 　图 草稿
- □ vital 　形 極めて重要な
- □ overview 　图 概要
- □ characteristic 　图 特徴
- □ 問1　heading 　图 表題
- □ 問1　appropriate 　形 適切な
- □ 問1　② edible 　形 食用の
- □ 問1　③ fertilizer 　图 肥料
- □ 問1　③ boost 　他 ～を増加させる
- □ 問1　④ expand the range of ～ 　～の程度を拡大する
- □ 問1　④ nutrition 　图 栄養
- □ 問2　41　③ fatty acid 　脂肪酸
- □ 問2　42　② mammal 　图 哺乳類
- □ 問2　42　③ throughout 　前 ～のあらゆる場所に
- □ 問3　make a statement 　発表をする

ハイスコア模試

解 答

問題番号(配点)	設問		解答番号	正解	配点	自己採点
第1問(10)	A	1	1	3	2	
		2	2	4	2	
	B	1	3	2	2	
		2	4	4	2	
		3	5	2	2	
第2問(20)	A	1	6	5	2	
		2	7	4	2	
		3	8	3	2	
		4	9	3	2	
		5	10	3	2	
	B	1	11	2	2	
		2	12	2	2	
		3	13	3	2	
		4	14	2	2	
		5	15	4	2	
第3問(10)	A	1	16	2	2	
		2	17	1	2	
	B	1	18	4	2	
		2	19	4	2	
		3	20	3	2	

問題番号(配点)	設問		解答番号	正解	配点	自己採点
第4問(16)	1		21	1	3	
	2		22	2	3	
	3		23	2	3	
	4		24	3	3	
	5		25	4	2	
			26	2	2	
第5問(20)	1		27	5	5*1	
			28	1		
			29	4		
			30	2		
			31	3		
	2		32	2-6	5*2	
	3		33	3-6	5*2	
	4		34	3	5	
第6問(24)	A	1	35	4	3	
		2	36	4	3	
		3	37	2	3	
		4	38	4	3*1	
			39	1		
	B	1	40	4	3	
		2	41	4	3	
			42	1	3	
		3	43-44	2-6	3*1	

(注)
1 *1は, 全部正解の場合のみ点を与える。
2 *2は, 過不足なく解答した場合のみ点を与える。
3 −(ハイフン)でつながれた正解は, 順序を問わない。

エピローグ

〜最高のスタートを切ったきみのための「次の対策」〜

　共通テスト英語リーディング対策，まずはここまで１冊ご苦労さまでした。ここまで進んできたきみのアタマには，リーディング問題の「傾向の把握」と「作業の正しいリズムの習得」という，対策において最も重要な２つが確実に染み込みつつあります。つまり，初期の対策として申し分ない成果を上げたということです。まずはここまでの頑張りについて自分をほめてあげましょう。

　とは言うものの，**対策はここで終了ではありません。**これまではあくまで「対策の枠組み」をアタマに入れたに過ぎず，**これから次のフェーズである「自分の力のデータ収集」とその「分析」**に移ることになります。数多くの問題を解くことで，自分にとって苦手な（とまで行かなくても他に比べてエラーが多い）設問形式はどれなのか，また，「25分×3」をどう微調整するか，といったより細部の課題を詰めていくことで，ハイスコア獲得を確実なものにしていく必要があります。お別れの挨拶代わりに，きみが次に進めるべき対策を簡単にまとめておきます。

「リーディング対策第２章」〜ハイスコア実現への道〜

① 『リーディング解体新書』をもう一度読む。

　　…ひと通り典型的な問題をこなして傾向を理解した今，再度『リーディング解体新書』を今のアタマで読み直しましょう。演習前に読んだ時にはピンとこなかったことが，今度はクッキリ見えるはず。次のフェーズに進む前に，これまでの対策をまとめる意味で，しっかり読み直してください。

② やったことのない問題を３回分用意，気合いを入れて解く。

　　…80分で，もちろん「25分×3」を強く意識して問題を解く，をやったことのない問題を用意して３セット演習してみましょう。得点を気にするよりも，本書で押さえた数々のポイントを全問演習の形で１つひとつあてはめる練習です。

③ 共テ型設問３種類の正答率をチェック，形式ごとに解き直す。

　　…②で解いた問題について，この本で学んだ３種類の共テ型設問に注目して「(1)FO分別問題→(2)順序整理問題→(3)照合問題」の順に，３回分の問題から「それだけ引っこ抜いて」解き直し，考え方，手順に誤りがないことをキッチリ確認します。「ちょっとこの形式は…」と自信が持て

ないものについては「ハイスコア獲得の演習法」を参考にして，さらに対策を進めてください。どこまで行っても共テとはこの3種類の設問との戦いです。形式別に対応力を強化しましょう。

④「25分×3」を再構成，「完成イメトレ」で対策第2章を終了させる。

　…②の解答時間と正答率から「Section 1 は 30 分ほしいな」「Section 3 は 22 分で十分」など，自分なりのセクション時間を構成し直し，その時間であらためて 80 分ですべて解き直します。これが完成イメトレ。ここまでやれば3回分の問題を完全に消化，自分のチカラに変えることができます。「カンペキな，最も美しい 80 分の作業」をしっかり体験してください。対策第2章，最高の形で終了です。

　ちなみにZ会から，

『共通テスト実戦模試』シリーズ（教科・科目別に発刊）
『共通テスト予想問題パック』（全教科・科目の冊子収録）

といういずれも対策第2章にピッタリな教材が絶賛発売中です。「鉄は熱いうちに打て」ということで，本書で学んだ数々のポイントがアタマの中で薄れてしまわないうちに手に入れて，スムーズに次の対策へと移ってください。

　さあ，『リーディング解体新書』を読み直せば共通テスト英語リーディングの対策第1章は幕を閉じます。きみは本番に向けて最高のスタートを切りました。自信を持って次へと進んでください。最高の対策を続け，最高の結果を手にする日が来ることを，心から祈っています。

　頑張って。

水野　卓

MEMO

MEMO

●監修者紹介
水野卓（みずのたかし）
東京外国語大学，同大学院で言語学を専攻。「ネイティブでない」からこそ必要となる英語理解の理論的側面を，その専門性を活かした独自の「見せて納得させる」メソッドで教えている。「勉強のしかた」についても指導力を発揮する。『全国大学入試問題正解』（旺文社）の執筆をはじめ著書多数。英語の受験指導において，現在最も注目される一人。

●執筆協力
Adam Ezard，市原陽子

書籍のアンケートにご協力ください

抽選で**図書カード**をプレゼント！

Ｚ会の「個人情報の取り扱いについて」はＺ会Webサイト（https://www.zkai.co.jp/home/policy/）に掲載しておりますのでご覧ください。

ハイスコア！共通テスト攻略　英語リーディング　改訂版

2019年 7 月10日	初版第 1 刷発行
2021年 7 月10日	新装版第 1 刷発行
2023年 7 月10日	改訂版第 1 刷発行
2024年11月 1 日	改訂版第 2 刷発行

監修	水野卓
発行人	藤井孝昭
発行	Ｚ会
	〒411-0033 静岡県三島市文教町1-9-11
	【販売部門：書籍の乱丁・落丁・返品・交換・注文】
	TEL 055-976-9095
	【書籍の内容に関するお問い合わせ】
	https://www.zkai.co.jp/books/contact/
	【ホームページ】
	https://www.zkai.co.jp/books/
装丁	犬飼奈央
印刷・製本	シナノ書籍印刷株式会社

Z-KAI

ハイスコア！
共通テスト攻略

英語リーディング

改訂版

別冊問題

ハイスコア模試

英　語 (リーディング)

　各大問の英文や図表を読み，解答番号 [1] ～ [44] にあてはまるものとして最も適当な選択肢を選びなさい。

第1問 (配点　10)

A　You are on vacation with your family and you want to see a movie. There are several movie theaters nearby. You find a website with reviews of the four movie theaters in this city.

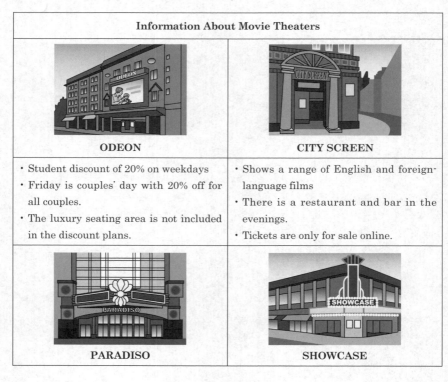

Information About Movie Theaters	
ODEON	**CITY SCREEN**
· Student discount of 20% on weekdays · Friday is couples' day with 20% off for all couples. · The luxury seating area is not included in the discount plans.	· Shows a range of English and foreign-language films · There is a restaurant and bar in the evenings. · Tickets are only for sale online.
PARADISO	**SHOWCASE**

• Multiplex cinema with 12 screens (including a 24-hour screen) • 3D movie screen cinema features comfortable sofa seats. • 10% off tickets ordered from their website	• Half-price day every Wednesday • Tickets are available only from the theater ticket office. • "Rock 'n' Roll," their 50's-themed coffee shop, is open all day.

問1　Both *ODEON* and *PARADISO* offer ☐ 1 ☐.

   ① a student discount

   ② cheap online tickets

   ③ different kinds of seats

   ④ movies in different languages

問2　If you want to buy tickets in person and have a light meal with your family, the best theater is ☐ 2 ☐.

   ① *CITY SCREEN*

   ② *ODEON*

   ③ *PARADISO*

   ④ *SHOWCASE*

B You found an advertisement about the Fall Sports Festival in your city. You are reading it right now.

The 28th Melissa Fall Sports Festival

An announcement from MSC (Melissa Sports Committee)
The sports festival will be held on the date given below. Our latest statistics indicated that the physical ages of our citizens were eight years lower than the national average. In the past few years, the number of participants has been increasing. We are really looking forward to your participation.

When: Sunday, October 10 from 9:00 a.m. to 5:00 p.m.
Where: Kansas General Gymnasium
Open to: Melissa residents
Cost: free
Application deadline: Sunday, October 3 by 9:00 p.m.

Online applications only. Visit http://www.melissa-kansas-msc.gov and enter the necessary information. Outdoor activities will still take place if there is light rain, but will be canceled if it rains heavily.

Game	Place	Notes
Baseball	1st ball game ground	· Only the first 36 people · Bring your own gloves and spikes.
Soccer	2nd ball game ground	· Only the first 44 people · You can borrow spikes.
Basketball	Gym	· Only the first 40 people · Bring your own basketball shoes.
10,000-meter run	Athletic field	· Only the first 60 people · Bring your own spikes.

Notes
Please make sure to drink lots of water and get enough salt to avoid heatstroke. If you feel sick, take a break right away. Let's enjoy the sports festival!

問 1　According to the information from MSC, this sports festival ☐ 3 ☐ .

  ① has already been done more than 30 times

  ② has been getting more and more participants

  ③ is going to be on the 3rd

  ④ is held to check physical ages

問 2　From the information about each game, you can learn that ☐ 4 ☐ .

  ① all events will take place regardless of the weather

  ② Kansas General Gymnasium has three ball game grounds

  ③ participants have to bring their own shoes

  ④ the number of participants is limited

問 3　People who want to participate in this sports festival ☐ 5 ☐ .

  ① can drink whatever you like for free

  ② can only apply online

  ③ have to call MSC first

  ④ have to pay money

第2問 (配点 20)

A You are hoping to take a one-year course at a British university. You would like to make lots of friends, and you are interested in the social areas at each university. The new student centre at this university looks attractive.

Using Our Student Hub
All students of this university are welcome!

* Please show your student ID card to the staff at the entrance.

What We Do

Our new Hub opened last year. As well as a jobs and careers library, we have a large study lounge and advice centre. If you are having any problems, we offer support and counseling services (including a 24h telephone help line). Drinks and light snacks are available in the terrace café and many students spend their free time here.

Student Union Shop

The shop is in the basement of the Hub. You can purchase stationery and sports equipment here, as well as a range of clothing and accessories with the university logo and colours. The shop also carries a small range of food items, including our ever-popular lunch sandwiches, and the "Big 3 meal deal" (sandwich, crisps and a drink cost less when you buy them together).

Travel Centre

The student travel centre can be found on the ground floor and is open from 1pm to 5pm on weekdays. You can buy discounted bus and train tickets and there are group discounts for overseas travel and accommodation. The university also has limited accommodation for visiting guests in the campus guest centre, which can be reserved here or online through the travel centre webpage.

Comments from Past Students

● As a third-year student, I can say the Hub is a great improvement on the old student union building. Just wish it had a concert hall.

● Love the modern building! The sandwiches are great, but expensive for students (the local shop in the village has cheaper ones). The café is a great place to hang out.

● Travel centre staff are friendly, but the limited opening times mean it gets crowded (don't go at the weekend!). Go directly to the centre (not website) if you want to choose the best rooms in the guest centre. You can't choose a room online.

● Careers advice is great. All students should spend some time here.

問 1　Two things that are stated about the student hub are 　6　 .

A : it has been open for three years
B : it is open twenty-four hours a day
C : the building has two levels
D : you can buy food to take out
E : you can listen to concerts in the building

① 　A and B
② 　A and C
③ 　B and C
④ 　B and D
⑤ 　C and D
⑥ 　C and E

問 2　It is unlikely that you can buy 　7　 in the underground area.

① 　a snack
② 　a T-shirt
③ 　pens and pencils
④ 　textbooks

問 3　Students who want to book cheap travel tickets should 　8　 .

① 　apply for the tickets online
② 　buy bus tickets in a group
③ 　come to the ground floor in the afternoon
④ 　visit the travel centre one month in advance

問4　If you wanted to save money on lunch at this university, you should
　　 9 .

　　① buy a discounted meal ticket
　　② buy food in the café
　　③ choose three items at a reduced price
　　④ order by phone

問5　One **fact** stated by a past student is 10 .

　　① the food at the university is expensive
　　② the older building had greater facilities
　　③ there are different options for booking rooms
　　④ you can receive good job-finding advice

B Your English teacher gave you an article to help you prepare for the debate in the next class. A part of this article with one of the comments is shown below.

Increasing Number of Security Cameras

By Shingo Ishihara, Sendai
8 FEBRUARY 2019 · 9:14AM

There are security cameras all over every town now, and they can be found everywhere from stations to convenience stores. A survey in 2014 showed that 81.4% of Japanese people felt safer because of security cameras. As cameras increase in number, you have more chance of being recorded. According to the survey however, 80.5% of people said, "I am not concerned about the situation now."

Security cameras can be digital guards of society. They create an environment where you are always being watched, which lowers the possibility of crime. If potential robbers are aware of the presence of cameras, they may decide not to commit the robbery. Security cameras prevent people from committing crimes. In addition, security videos can be used as evidence to catch criminals. The police make use of them to solve cases. Also, it will be useful if you're mistaken for a criminal. The security cameras will prove your innocence.

On the other hand, some people think that their privacy will be violated if security cameras increase in number. The quality of surveillance cameras is also improving. As a result, your behavior is being recorded more clearly, which will restrict your free activities. In my view, these things cannot be helped to some extent. As the survey shows, people are getting used to a world with security cameras. We can say that security cameras make it possible to protect individuals and the whole of society.

12 Comments

Newest

Emma Lee 10 February 2019 · 11:35AM
Nowadays, I find security cameras everywhere I go. Nothing is private anymore. I feel like I'm in jail. Even if security cameras are installed, they cannot stop crime completely.

問1 A survey in 2014 showed that [11] .

① about 80% of houses already had security cameras installed
② less than 20% of people felt uneasy about being recorded by security cameras
③ nobody noticed that security cameras were recording their daily lives
④ the number of security cameras in convenience stores was higher than in stations

問2 Your team will support the debate topic, "More security cameras should be installed." In the article, one **opinion** (not a fact) helpful for your team is that [12] .

① the police are using them to find out who criminals are
② they can make people believe what you are saying is the truth
③ you can see high-quality movies at low prices
④ you can see where people are and what they are doing

問3 The other team will oppose the debate topic. In the article, one **opinion** (not a fact) helpful for that team is that [13] .

① crimes will not occur if you make use of technology
② it is important to buy security cameras of as high a quality as possible
③ security cameras prevent you from acting freely
④ you can protect your privacy by using security cameras

問 4　In the 2nd paragraph of the article, "Security cameras can be digital guards of society" means that they ☐ 14 ☐.

① are strong enough to resist an attack from a robber
② are useful for decreasing the crime rate and catching criminals
③ completely protect your privacy
④ prevent people from feeling uneasy about being recorded

問 5　According to her comment, Emma Lee ☐ 15 ☐ Shingo's opinion.

① has no particular opinion about
② partly agrees with
③ partly disagrees with
④ strongly disagrees with

第3問 (配点 10)

A You found the following story in a blog written by your friend Brian.

General House Cleaning at the End of the Year
Tuesday, December 28

The New Year is coming soon. I helped do the general cleaning of my house from morning through to evening today. All the family members made the house clean to see in the New Year feeling refreshed.

We decided who would clean which places and wrote them down on paper. I went to the bathroom first. There was a lot of mold on the wall. It was completely removed after a 30-minute struggle. When I told my mother that the bathroom cleaning was done, it was past 12:20, so I ate lunch.

Places to Clean	Name
Car	Dad
Kitchen	Mom
Bathroom	Brian
Living room	Mom
Garden	Dad
Toilet	Brian
Balcony	Dad

After that, just when I was moving to the next place to clean, my father, who had finished washing the car, came to ask me to help him. So I went to the garden with him. A lot of weeds were growing there and I removed them and put them in garbage bags. It took a longer time than I thought, so the sun had already set at the time when the cleaning was done.

Only my mother completed all she had to do. The rest of the places which were not cleaned today are going to be cleaned tomorrow.

問1 Brian 16 .

① began to clean from the afternoon
② cleaned the bathroom first
③ finished cleaning all the places
④ had lunch before noon

問2 From this blog, you learned that 17 .

① Brian will clean the toilet on the 29th
② Brian's father finished cleaning the balcony
③ Brian's mother asked Brian to help his father
④ the garden cleaning was completed before the sunset

B You found the following story in a newspaper.

China and My Life
Shinji Yoshida (Chinese-language lecturer)

  I work as a Chinese-language lecturer at several universities in Tokyo now. Just twenty years have passed since I began to study Chinese. I was ten years old when I became interested in China. At that time, I traveled to Beijing with my family and visited famous tourist spots such as Tiananmen Square and the Great Wall. I was astonished to see a lot of people riding bicycles and a city full of energy. After that trip, I read some comic books dealing with Chinese history in order to deepen my understanding of China. As a result, I was able to not only grasp the outline of its history but also remember complicated and difficult Chinese characters.

  I had a chance to travel to China with my family again when I was fifteen years old. Before the trip, my father wanted to visit Nanjing, but my mother and I wanted to visit Shanghai. We discussed this for many hours and my mother's and my wish was finally approved. We had a great time there.

  At the age of sixteen when I was a high school student, I began to study Chinese. Due to my weak listening and speaking skills, I had a hard time mastering the pronunciation. When I was eighteen years old, I entered a university, where I majored in Asian history. There were several classmates whose Chinese skills were much higher than mine, so I sometimes felt jealous of their talent. To learn advanced Chinese, I also went to an interpreting school while I was a university student. After graduating from university, I worked in Hong Kong for five years as a journalist.

  Coming back to Japan in my late twenties, I started my current job. It is a lot of fun teaching Chinese and I feel a sense of fulfillment every day. Without Chinese, my life would be totally different now.

問 1 According to the story, Shinji's feelings changed in the following order: [18] .

① surprised → envious → excited → stressed → satisfied
② surprised → envious → satisfied → excited → stressed
③ surprised → excited → envious → satisfied → stressed
④ surprised → excited → stressed → envious → satisfied
⑤ surprised → stressed → excited → satisfied → envious
⑥ surprised → stressed → envious → satisfied → excited

問 2 Between the ages of 10 and 19, Shinji [19] .

① became a Chinese-language lecturer
② learned advanced Chinese at university
③ made a trip to Nanjing
④ tried to improve his Chinese pronunciation

問 3 From this story, you learned that Shinji [20] .

① believed that Chinese skills were important for everyone
② had some regrets about coming back to Japan from Hong Kong
③ had visited China twice before he started studying Chinese
④ is in his early thirties now and wants to do other work

— 15 —

第4問 （配点 16）

Some guests are visiting your family from overseas. You want to take them to a nature park while they are here. You are reading two blogs on the largest parks in your area to decide which one is better for your visit.

Fantastic Days Out at Dunholme Wildlife Park and Ellerby Forest Park

Posted By Phil at 9:45 on Jan 10, 2022 at philsphotos.blog

Here are some photos from our recent trips. We go to both parks several times a year as the changing seasons will determine what you can see (the weather is also a big factor).

If you can get to Dunholme when the sea is going out, that's the best time to see the birds. You are most likely to see the deer at Ellerby in the early morning, so if you hurry, you can do both parks in a day and take great photos if the sea goes out in the afternoon. Plus, you get to enjoy the large, sandy beach.

Birds after feeding

Tide going out

Breakfast time

Cliff Top Trail

You can get amazing pictures from the trails in both parks all year round. You'll get the best bird pics from Dunholme cliffs, but it's quite a hike to get up there and not so safe for little ones. Also, winter is not so good for bird photography, though the deer are still around. I've had some good shots from the bike trails at Ellerby, too (no rental cycles at Dunholme, unfortunately).

Ellerby Forest and Dunholme Wildlife Park: Great Places to Visit
Posted by Michelle at 20:45 on Jan 19, 2022

Whether you have kids or you just want to relax by yourself, Ellerby Forest is a great place for everyone. We tend to take our own bicycles to both parks and, although the number of cycle paths at Dunholme is limited, Ellerby makes up for it. Visiting on a rainy day is no problem, you just need the right clothing (but treetop walks are cancelled when there is heavy rain and strong winds).

Activities available in Ellerby Forest Park

Activity	Difficulty	Time needed	Cost
Mountain Bike Trails	Two trails: one easy, one moderate (both for cyclists over 10 years old)	1~3 hours	Bike hire: $15/hour (no cost with own bike)
Treetop Walk	Moderate	2 hours	$35/person
Hiking Trails	Three trails, all suitable for beginners	30 minutes, 1 hour, 2 hours	Free
Forest Crafts	Easy (for kids)	2 hours	$10~$50 (depends on what you want to make)

Ellerby tries to appeal to families and the forest crafts for kids are great. A positive here is that the classes are run by professionals, so mum and dad can do their own thing while the kids are in class. But with the beautiful beach at Dunholme, there are plenty of places for kids to create their own adventures, explore or make sandcastles and all these activities are, of course, free.

If you'd prefer to take your time and enjoy the scenery, both parks offer fantastic walking trails. Despite the mountain bike image of Ellerby, none of the trails are particularly difficult, with very few hills. The beach trails at Dunholme are also smooth, although the climb up to the cliffs can be a challenge and requires a good level of fitness. It's best to take your time to visit each park for the day (cramming them both into one day would be too much).

問 1 According to Phil's blog, visitors should try to ☐ 21 ☐ .

① avoid winter if you are taking bird photos
② feed the birds when you go to Dunholme
③ get to Ellerby Forest in the afternoon
④ visit Dunholme cliffs with your bike

問 2 The reason Michelle recommends Dunholme for families with kids is that ☐ 22 ☐ .

① all activities are carried out regardless of weather conditions
② children can enjoy a variety of activities there
③ the slope up to the cliff is very gentle and easy to walk up
④ there are people who can take care of children

問 3 Both Phil and Michelle ☐ 23 ☐ .

① avoid the parks in bad weather
② enjoy cycling in Ellerby Forest
③ recommend the parks most in the summer
④ think you should visit both parks on the same day

問 4   If you want to entertain pre-school children on a windy day, one option could be to 24 .

① enjoy rental cycles in the forest
② take them on a treetop walk
③ take them to the beach
④ watch birds from the clifftop walk

問 5   You have decided to 25 in the morning because some of your guests are elderly and not so strong. You have also decided to 26 on the next day in the afternoon as the sea level will be at its lowest around 1:00 pm. (Choose one for each box from options ① ～ ④.)

① hire bicycles to go on the beach
② take a walk on the beach and enjoy conversation
③ try the treetop walk in the rain
④ walk the trails in Ellerby Forest to see the deer

第5問 (配点 20)

Your group is preparing a poster presentation entitled "The History of an Old Bridge," using information from the magazine article below.

There is an old bridge named George Bridge in our city. It runs over the Orland River, which flows from Snow Mountain to the center of the city. It is reported that the bridge already existed there as a stone bridge around 1750. This bridge used to be an important point where a lot of people came and went along the main road. Owing to aging and the Industrial Revolution, the bridge was rebuilt as a steel bridge in 1890.

At the start of the 20th century, George Bridge suffered various accidents. First of all, a big earthquake hit our city and some of the bridge supports were bent. They were repaired later, but two decades after the big earthquake, a war occurred. During the war, this bridge was used to transport military supplies. Three years after the war had begun, the bridge was struck by bombs many times. At the end of the war, the bridge was in a very bad condition.

Immediately after the end of the war, it was decided to rebuild George Bridge as a reinforced-concrete bridge. There was a shortage of building materials at that time, but people expected a strong bridge to be built as soon as possible. Our city established a huge budget and set out to repair the bridge. Two years later, it was completed and became a symbol of recovery from the war for our citizens. After that, at a time when the economy had changed for the better and people were full of energy, the bridge supported their lives both materially and mentally.

Since around 2000, concerns have been discussed about the aging of buildings and infrastructure that were built many years ago. The trigger was probably a big earthquake that occurred in 1999 in an area about 100 kilometers away from our city. Not only wooden houses but also a lot of seemingly strong buildings were severely damaged. After an investigation of broken houses and buildings, most of them were found to have problems with their earthquake resistance. These facts caused a lot of people to become interested in the safety of their houses, and the buildings and bridges they usually use.

Several inspections revealed that there were cracks in George Bridge. If a disaster like a big earthquake were to occur, it would collapse. Therefore, public demands for the quick rebuilding of George Bridge became louder. Due to the city's tight budget, however, some people disagreed with the idea of rebuilding the bridge. After several discussions, the rebuilding of George Bridge was finally approved by the city council yesterday. The construction will start as early as next month and will be completed in three years. Since George Bridge is a heavily-used bridge, in consideration of the impact on people's daily lives, a temporary bridge will be built next to George Bridge within two months. People are looking forward to the renovation of George Bridge. This bridge will continue to exist as an important part of our city in the future.

The History of an Old Bridge

■ Events that Occurred to George Bridge

Period	Events	
Around 1750	It existed as a stone bridge	
1890	27	
Around 1900	28 ↓ 29	
1999 and beyond	30 ↓ 31	

■ After the War

▶ In spite of a lack of building materials, the rebuilding of the bridge was accomplished by spending a large sum of money.

▶ The bridge that had become new was important for citizens for the following reasons: 32

■ George Bridge in the 21st Century

▶ George Bridge needs rebuilding for the following reasons: 33

▶ Another bridge will be built next to George Bridge 34 .

問 1　Members of your group listed important events that occurred to George Bridge.　Put the events into the boxes 27 ～ 31 in the order that they happened.

① 　A big earthquake caused severe damage to the bridge

② 　Because of the big earthquake, people began to discuss whether buildings and bridges were safe

③ 　It was decided to rebuild the bridge

④ 　It was rebuilt with reinforced concrete

⑤ 　It was rebuilt with steel

問 2　Choose the best statement(s) to complete the poster.　(**You may choose more than one option.**)　32

① 　It increased the demand for reinforced concrete.

② 　It meant that the city had recovered from the war.

③ 　It was essential for carrying military material.

④ 　It was strong enough to resist bomb attacks.

⑤ 　It was the direct cause of improvements in the economy.

⑥ 　It provided citizens with emotional support.

問 3　Choose the best statement(s) to complete the poster.　(**You may choose more than one option.**)　33

① 　It gives people negative feelings.

② 　It has led to a rise in building costs.

③ 　It has some cracks.

④ 　It is made of wood.

⑤ 　It is no longer useful for citizens.

⑥ 　It may be destroyed in the future.

問 4　Choose the best statement to put into the box ☐ 34 ☐ .

①　because a lot of citizens requested it
②　because the city has a large budget
③　so that the construction won't disturb citizens
④　so that two bridges look cool

第6問 （配点 24）

A Your study group is making a presentation on "brown noise," which has recently become popular on streaming sites. You have found an article you want to share. Complete the summary notes for your next meeting.

What Is Brown Noise and How Can It Help Us?

Some think of it as the calming noise of heavy rain outside the window or imagine being on a long-distance flight. Others think of waves crashing on a beach. Brown noise is an Internet phenomenon, with 12-hour recordings available on all popular streaming sites. These tracks are particularly popular with the ADHD community as a method of assisting with concentration, but many people say the sound helps to reduce the number of thoughts that constantly race through our brains. White, pink, green and violet are now used to describe random noise, but it is brown noise that has been receiving the most attention.

The "brown" in brown noise comes from the term Brownian motion, named after the scientist Robert Brown, who observed the random movement of pollen molecules in water. Humans are only able to hear a certain range of sound frequencies. When all these frequencies are played randomly at the same time, we hear a static sound, like an untuned TV. This is white noise, and parents know that it can have a calming effect on crying babies. However, as the human brain hears higher frequencies louder, the sound of white noise can be harsh and unpleasant. With pink and green noises (there are many others) certain frequencies are increased or reduced, but it is brown noise, with its stronger low frequency and weaker annoying high frequency sounds compared to white noise, that is now receiving attention.

Interest in this area is growing, in both special education circles and for groups of neurotypical people without ADHD, from students studying for a test to busy adults who want to reduce stress or increase their focus. Many websites claim that brown noise can improve sleep, which is why 12-hour recordings are available – they play all night long.

We typically have many thoughts happening at the same time and colored noise may activate the brain enough to allow us to focus. This is known as *optimal arousal theory*, helping the brain to find the right balance between low arousal (feeling sleepy) and high arousal (feeling anxious or excited) to concentrate on a task.

However, in the case of neurotypicals, it may be that random noise is just masking background noises so that you feel less distracted. One small-scale study, which monitored people sleeping to pink noise, showed fewer complex brain waves and deeper sleep. However, long-term follow-up studies are necessary. As one scientist put it, noise could be helping sleep on a deep level, but it could just be the effect of blocking out the roar from the road outside or the sound of your neighbor.

There has been comparatively more research on the effects of noise on the ADHD community, where there are strong theories linking concentration to a physical effect in the brain. Studies on children with reading difficulties have shown that listening to white noise during a test can lead to better performances. People with ADHD have a lower level of dopamine in the brain, which leads to restlessness and being easily distracted. The frontal cortex basically searches for higher levels of stimulation to increase dopamine production. The theory behind the effect of brown noise is that the sound gives the brain the distraction it requires, in effect covering the overactive part of the brain with a blanket, allowing concentration to increase.

Theories are fine, but far more study and research are needed before we can say there is a proven link between brown noise and concentration, relaxation, or sleep. Scientists are quick to point out the danger of listening to any noise for long periods at a high volume as this can damage hearing, but most feel that listening to brown noise is a low-risk strategy. Brown noise itself may not be the magical key as all these random noises have a similar effect, but if you have found something that works for you, and you are keeping the volume at a sensible level, that's just great.

Your summary notes:

What Is Brown Noise and How Does It Work?

Important words

Neurotypical people: | 35 |

Dopamine: helps to regulate your mood

Frontal cortex: center for dopamine in the brain

Qualities of Brown Noise

- The name comes from | 36 |.
- Feels relaxing: like being on a plane / listening to a rainstorm, etc.
- It is different to white noise as | 37 |.
- Available to stream in formats up to 12 hours long.

Effects and Theories

Effect	Theory
Increased focus for ADHD individuals	Affects the brain by allowing	38	
Better sleep	Possibly masking other sounds
Higher levels of concentration	Helps people to find	39	

問 1　Choose the best option for ⬚ 35 ⬚ .

① people who can't concentrate
② people who can't sleep
③ people with ADHD
④ people without ADHD

問 2　Choose the best option for ⬚ 36 ⬚ .

① a mixture of the other sound colors
② the randomness of the sound
③ the range of sounds it is made from
④ the scientist who discovered "Brownian motion"

問 3　Choose the best option for ⬚ 37 ⬚ .

① it has a greater ability to stimulate dopamine production
② it has a less even distribution of sound frequencies
③ it is heard as a louder sound than the other colors
④ it is more effective in distracting the brain

問 4　Choose the best options for ⬚ 38 ⬚ and ⬚ 39 ⬚ .

① a balance between states of stimulation
② a strategy with fewer risks
③ fewer complex brainwaves
④ fewer thoughts to interfere
⑤ random frequencies of sound
⑥ the correct volume to listen

B You are preparing a poster to take part in a presentation on alternative farming and food production. Your theme is "Expanding our Use of the Sea." You have been using the following article to create a poster.

Seaweed
— Remarkable Resource Beneath the Waves —

A "blue revolution" is starting to take place as humankind turns towards the sea in search of more sustainable farming. Seaweed cultivation can be performed with minimal risk to the environment, and several biotechnology companies are beginning to access this resource. Examples of emerging seaweed-based products include the production of agar jelly, or *kanten*, for growing microorganisms in laboratories, seaweed-based biofertilizers to help plants grow better and the possible development of biofuels to power our vehicles (although this is still in the research stage). However, it is the area of food production from seaweed that is seen as having the most potential.

Figure 1 shows some commonly eaten seaweeds.

Figure 1.

1 *Saccharina japonica*   2 *Undaria pinnatifida*   3 *Porphyra umbilicalis*

4 *Palmaria palmata*   5 *Sargassum fusiforme*   6 *Chondrus crispus*

7 *Ulva lactuca*

The macroalgae known as seaweeds are usually classified as red, green and brown, depending on the depth at which they grow, with green algae closest to the shore, red algae in the deepest part and brown algae in between. Macroalgae are often associated with East Asian styles of cooking, forming almost 10% of the Japanese diet until relatively recently for example, but it is also consumed in many other parts of the world.

Brown algae in the order Laminariales, commonly known as kelp, grow close together in underwater "forests," and several species are important food sources. *Saccharina japonica*, called *kombu* in Japanese, is dried into strips where it is used to season fish and meat dishes or eaten as a vegetable. It can also be powdered to add to sauces or soups and is an important ingredient in both Japanese and Chinese food. Another kelp, *Undaria pinnatifida*, known as *wakame* in Japan and *qúndài cài* in China, has a softer texture and is primarily used in soups and salads (its English name is sea mustard). It is the most heavily consumed seaweed in Japan, and has gained popularity in the west as a healthy food because it helps burn fat. The final brown algae here, although not a kelp, is *Sargassum fusiforme*. Known as *hijiki*, it is a popular ingredient in Asian food where it is eaten with vegetables or fish in Japan and added to fried rice and noodle dishes in China. High in minerals such as calcium and magnesium, it can also contain high levels of arsenic (a poisonous substance), and some countries caution against eating it in large quantities.

Species in the genus Porphyra belong to the red algae group and are known as laver seaweeds. *Porphyra umbilicalis* has been eaten in the British Isles for centuries, where it is sold as dried pieces (lumps) called laverbread, and eaten with meat and fish or made into soup.

Laver seaweeds are also commonly eaten in Asia, where species in the similar *Pyropia* group are called *nori* in Japanese or *kim/gim* in Korean and served as sheets, commonly used to wrap rice. Dulse, or *Palmaria palmata*, is another red algae species which grows on the coasts of the North Atlantic and Pacific Oceans. It is a leathery seaweed containing high levels of protein and iodine, which are important in our diets. Although eaten as a snack, it is most often dried into a powder and added to flour to make bread or soups. It is also used as a flavor enhancer and sometimes for animal food. The final red algae to be mentioned here is *Chondrus crispus*, sometimes called Irish moss. This parsley-shaped seaweed is a source of carrageenan, a complex sugar used to make ice cream thicker.

Finally, there is *Ulva lactuca*, a green algae species which is found close to the shore. Known as sea lettuce (lactuca is Latin for lettuce) or green nori (in Japanese, *aosa*), it is consumed in Europe, North America and Japan, either raw or in a soup. With its high protein and fiber content, it is popular as a health food, but can become contaminated with heavy metals and so must be sourced carefully.

As a healthy and natural source of calories, natural vitamins and minerals, and with a more positive environmental impact than traditional land-based farming, it is easy to see why seaweed production boasts the fastest expansion (8% per year) of all new food markets.

Your presentation poster draft:

Seaweed as a Resource for the Future

Why seaweed may become a vital resource:

40

Overview of different types of seaweed		
Seaweed type	Description	Use and Value
Undaria pinnatifida	Brown macroalgae with a softer texture	Soup or salad; 41
Palmaria palmata	Red species, found 42	Made into powder or eaten as a snack
Ulva lactuca	Green macroalgae, sometimes called sea lettuce	Mainly as a salad, but can be used in soups

Seaweeds with common characteristics and qualities

43

44

問1 Under the first poster heading, your group wants to introduce the main reason why the farming of seaweed may become a vital resource. Which of the following is the most appropriate? 40

① Biofuels can already be produced from seaweed, which could provide energy to improve people's lives.

② Biotechnology based on seaweed farming can increase the number of edible seaweed species.

③ It can be used to produce fertilizers which will boost the farming of food for a growing population.

④ It can expand the range of calories and nutrition we take from the sea in an environmentally friendly way.

問2　You have been asked to write descriptions of various edible seaweeds. Choose the best options for [41] and [42].

Undaria pinnatifida　[41]
① a spicy, mustard taste
② expensive to farm
③ high in calories and fatty acids
④ popular with some dieters

Palmaria palmata　[42]
① around the coasts of the North Atlantic
② in feeding sites of marine mammals
③ throughout most of the world
④ very close to the shoreline

問3　You are making statements about some seaweeds which share common characteristics and qualities. According to the article, which two of the following are appropriate? (The order does not matter.)
[43] · [44]

① *Saccharina japonica, Undaria pinnatifida* and *Sargassum fusiforme* are different species of kelp.
② *Sargassum fusiforme* and *Ulva lactuca* can possibly be dangerous to human health.
③ Species of *Porphyra* and *Pyropia* are commonly baked on top of bread.
④ The species known in English as dulse and Irish moss are red seaweeds often used in soups.
⑤ *Ulva lactuca* and *Porphyra umbilicalis* are used in Japanese cuisine to make nori.
⑥ *Undaria pinnatifida* and *Saccharina japonica* grow in forest-like groups in the sea.

Z-KAI